Alfons Axmann, Manfred Scherer, Bernd Utpatel

Betrifft Sozialkunde/ Wirtschaftslehre

für den Basislernbaustein

2. Auflage

Bestellnummer 01060

■ Haben Sie Anregungen oder Kritikpunkte zu diesem Buch?
Dann senden Sie eine E-Mail an 01060@bv-1.de
Autoren und Verlag freuen sich auf Ihre Rückmeldung.

Bildquellenverzeichnis

Aprilia Motorräder, Düsseldorf: S. 55
Bilderbox, Thening (Österreich): S. 32
Bildungsverlag EINS, Troisdorf/Elisabeth Galas, Köln: S. 113 (9 x)
Bildungsverlag EINS, Troisdorf/Evelyn Neuss, Hannover: S. 88, 94, 107, 108, 111 (4 x), 120, 122, 123
Bongarts Sportfotografie: S. 16
CDU (Christlich-Demokratische Union Deutschland): S. 98
Deutsche Bundesbank: S. 20
dpa Picture-Alliance GmbH, Hamburg: S. 114 (dpa/dpa web)
Globus Infografik, Hamburg: S. 27, 27, 28, 30, 31, 33, 67, 68, 85, 93, 102, 103, 123
Horst Haitzinger, München: S. 88, 89
Haus der Geschichte, Bonn/SIPA Press, Paris: S. 118
Peter Katschmarek/CCC, www.c5.net: S. 79
Erik Liebermann: S. 68, 86
Reinhold Löffler: S. 84
MEV Verlag, Augsburg: S. 9, 12, 19 (4 x 9), 24, 28, 34, 42, 44, 56 (2 x), 58, 59 (3 x), 64, 67, 70, 81, 85
Burkhard Mohr: S. 92
Postbank: S. 41
Project Photos, Augsburg: S. 81
Heiko Sakurai, Recklinghausen: S. 97
Erich Schmidt Verlag: S. 92
Roger Schmidt: S. 87, 90
Schuldnerberatung Linz (Österreich): S. 34.2
SPD (Sozialdemokratische Partei Deutschland): S. 98.1, 98.3
Statistisches Bundesamt, Wiesbaden: S. 102
Stiftung Warentest, Berlin: S. 53
Time Budget 12, Seven OneMedia/forsa: S. 109
Visa, Frankfurt/Main: S. 44
Götz Wiedenroth, Flensburg: S. 89, 123
Wilk/CCC, www.c5.net: S. 29

www.bildungsverlag1.de

Bildungsverlag EINS GmbH
Sieglarer Straße 2, 53842 Troisdorf

ISBN 978-3-427-01060-9

© Copyright 2008: Bildungsverlag EINS GmbH, Troisdorf
Das Werk und seine Teile sind urheberrechtlich geschützt. Jede Nutzung in anderen als den gesetzlich zugelassenen Fällen bedarf der vorherigen schriftlichen Einwilligung des Verlages.
Hinweis zu § 52a UrhG: Weder das Werk noch seine Teile dürfen ohne eine solche Einwilligung eingescannt und in ein Netzwerk eingestellt werden. Dies gilt auch für Intranets von Schulen und sonstigen Bildungseinrichtungen.

Inhalt

1 WISO find' ich gut 7
    Jugend, Wirtschaft und Politik 7

2 Wirtschaften und Haushalten 9

    2.1 **Wollen – Brauchen – Haben** 9
         Bedürfnisse und Bedarf 9
         Bedürfnisarten 10
         Vom Bedürfnis zum Bedarf 11
    2.2 **Sachen – Dienste – Rechte** 12
         Urheberrecht 12
         Arten von Gütern 14
         Marken und Warenzeichen 15
    2.3 **Mit den Mitteln haushalten** 16
         Ökonomisches Prinzip 16
    2.4 **Ohne Moos nichts los** 18
         Konsumverhalten von Jugendlichen 18
         Funktionen des Geldes 19
         Sicherheitsmerkmale bei Banknoten 20
         Verwendung des Taschengeldes 21
    2.5 **Mit Geld umgehen** 22
         Haushaltsbuch 22
    2.6 **Welcher Geldtyp sind Sie?** 25
         Der persönliche Test: Welcher Geldtyp sind Sie? ... 25
    2.7 **Auf die hohe Kante legen** 27
         Sparen 27
         Spar-Ziele 28
    2.8 **Geld arbeiten lassen** 29
         Geld anlegen 29
         Anlageformen 30
         Vermögensbildung 31
    2.9 **Der Weg in die Schuldenfalle** 32
         Verschuldung 32
    2.10 **Per SMS in die Miesen** 34
         Schuldenfalle Handy 34
    2.11 **Risiko-Check** 35
         Risiken vermeiden 35
    2.12 **Der Weg aus der Schuldenfalle** 37
         Schuldnerberatung 37
         Verbraucherinsolvenz 38

3 Zahlungsverkehr 39

    3.1 **Ein Girokonto einrichten** 39
         Kontoeröffnung 39
    3.2 **Ein Girokonto eröffnen und Auszüge kontrollieren** ... 41
         Kontoauszug 41
    3.3 **Bar oder mit Karte?** 42
         Zahlungsarten 42
    3.4 **Cash bezahlen** 43
         Barzahlung 43
    3.5 **Electronic-Cash** 44
         Bankkarte 44
         Bank- und Kreditkarte 45
    3.6 **Rechnungen begleichen** 46
         Bareinzahlung und Nachnahme 46
    3.7 **Geld überweisen** 47
         Überweisung 47
    3.8 **Einen Scheck einlösen** 48
         Verrechnungsscheck 48

3.9 **Das ultimative Kreuzworträtsel zum Zahlungsverkehr** 49
3.10 **Bankgeschäfte per Computer** 50
Online-Banking 50

4 Rechte und Pflichten aus Verträgen 53

4.1 **Augen auf beim Kauf** 53
Verbraucherbewusst handeln 53
4.2 **Jugend testet** 54
Projekt Warentest 54
4.3 **Angebote vergleichen** 55
Angebotsvergleich 55
4.4 **Einen Kaufvertrag abschließen** 56
Kaufvertrag 57
4.5 **Den Kaufvertrag abschließen und erfüllen** 58
Pflichten der Vertragspartner 58
4.6 **Um den Preis feilschen** 59
Rabatte 59
4.7 **Probleme mit der Lieferung** 60
Nicht-Rechtzeitig-Lieferung/Mangelhafte Lieferung 60
4.8 **Richtig reklamieren** 61
Rechte des Käufers 61
Mängelrüge 63
4.9 **Online-Shopping** 64
Fernabsatzgeschäft 64
4.10 **Mieten, pachten, leasen ...** 65
Wichtige Vertragsarten 65

5 Eintritt in die Berufswelt 66

5.1 **Erwachsen werden – Verantwortung tragen** 66
Rechte und Pflichten 66
5.2 **Berufsausbildung als Investition in die Zukunft** 67
Berufsausbildung 67
5.3 **Schritt für Schritt zum Ausbildungsplatz** 68
Berufswahl 68
5.4 **Ausbildung in Betrieb und Schule** 69
Duales System 69
5.5 **Berufe auf einen Blick** 70
Berufsbild 70
5.6 **Worauf Ausbildungsbetriebe Wert legen** 71
Anforderungen 71
Persönliche Eigenschaften 72
5.7 **Einen Betrieb erkunden** 73
Betriebserkundung 73
Betriebserkundungsbogen 74
5.8 **Einen Ausbildungsvertrag abschließen** 76
Ausbildungsvertrag 76
5.9 **Wer Rechte hat, hat auch Pflichten** 78
Rechte und Pflichten des Auszubildenden 78

6 Versicherungen 80

6.1 **Von Anfang an versichert** 80
Sozialversicherung und private Vorsorge 80
6.2 **Pflichtversichert** 81
System der Sozialversicherung 81
6.3 **Was ist versichert?** 82
Leistungen der Sozialversicherung 82
6.4 **Sich privat zusatzversichern** 84
Private Altersvorsorge 84
6.5 **Private Risiken absichern** 85
Individualversicherung 85
6.6 **Vorsicht Falle** 86
Versicherungspolice 86

7 Wahlen 87

7.1	**Sich einmischen?**	87
7.2	**Wer soll entscheiden?**	88
	Direkte Demokratie	88
	Indirekte Demokratie	89
7.3	**Machtmissbrauch verhindern**	90
	Gewaltenteilung	90
7.4	**Schule geht uns an**	91
	Schülermitverantwortung	91
7.5	**Faire Wahlen**	92
	Wahlgrundsätze	92
7.6	**Wer mitmachen darf**	93
	Wahlrecht	93
	Wo bleibt die Jugend?	94
7.7	**Konkurrenz belebt das Geschäft**	95
	Parteien	95
	Wunschbild eines Politikers	96
7.8	**Sie kämpfen um Ihre Stimme**	97
	Wahlkampf	97
	Wahlplakate	98
7.9	**Parlamentssitze zuteilen**	99
	Mehrheitswahl	99
	Verhältniswahl	100
	Bundestagswahlsystem	101
7.10	**Der Wähler hat gesprochen**	102
	Wahlergebnisse	102
7.11	**Unser Land**	103
	Rheinland-Pfalz	103
7.12	**Unsere Gemeinde**	104
	Kommune	104
	Wahlverfahren	105
7.13	**Mitmachen statt Zuschauen**	106
	Neue Beteiligungsformen	106

8 Medien 107

8.1	**Sich verständigen**	107
	Individualkommunikation	107
	Massenkommunikation	108
	Aufgaben	110
	Gefahren	111
8.2	**Zeitung lesen**	112
	Tageszeitung	112
	Weg einer Nachricht	114
	Hintergrund einer politischen Meldung	114
	Nachricht	115
	Kommentar	116
	Meinungsmacht	117
	Manipulation	118
	Leseverhalten	119
8.3	**Fernsehen schauen**	120
	Fernsehkonsum	120
	Duale Rundfunkordnung	121
	Kritik an Privatsendern	122
	Kritik an öffentlich-rechtlichen Sendern	123
8.4	**Kritisch bleiben**	124
	Pressefreiheit	124

Vorwort

Liebe Schülerinnen und Schüler,

„Mit Geld umgehen", „Ein Girokonto einrichten", „Online-Shopping", „Einen Ausbildungsvertrag abschließen", „Sich privat versichern", „Sich einmischen" oder „Kritisch bleiben" – das alles sind Fragen und Themen, mit denen sich junge Leute auseinandersetzen.

Diese Themenbereiche werden im Basisbaustein „Betrifft Sozialkunde/Wirtschaftslehre" für berufliche Schulen aufgegriffen. Dabei werden wichtige Grundlagen und Kompetenzen aus Wirtschaft und Politik vermittelt.

Der Basisbaustein ist in seiner Konzeption eine Mischung aus einem

- Arbeitsheft,

- Trainingsbuch und

- Lehrbuch.

Die einzelnen Themen werden mithilfe verschiedener Methoden erarbeitet. Authentische Situationen und Ereignisse greifen die persönliche Lebens- und Erfahrungswelt Jugendlicher auf.

Der Basisbaustein ist klar gegliedert. Das folgende Symbol ist ein Hinweis für die Möglichkeit zur Teamarbeit.

Wir wünschen Ihnen bei der Arbeit mit dem Basisbaustein „Betrifft Sozialkunde/Wirtschaft" viel Spaß und viel Erfolg.

Alfons Axmann, Manfred Scherer und Bernd Utpatel

Hinweis zu Seite 26

Welcher Geldtyp bin ich?

10 bis 25 Punkte:	**Geld-Fuchs** Sie sind souverän im Umgang mit Geld und sind über Finanzfragen sehr gut informiert. Zuweilen sind Sie aber übertrieben vorsichtig und kleinlich.
26 bis 39 Punkte:	**Geld-Profi** Sie bewahren den Überblick in Geldangelegenheiten und handeln zumeist wohl überlegt. Ihre Vorsicht ist richtig.
40 bis 55 Punkte:	**Geld-Sponti** Sie handeln oft emotional und spontan, zuweilen auch unüberlegt. Ein überlegter Umgang mit Geld bei wichtigen Entscheidungen ist ratsam.
56 bis 70 Punkte:	**Geld-Luftikus** Sie handeln in Geldangelegenheiten oft unüberlegt und laufen Gefahr, den Überblick zu verlieren. Ein bewusster Umgang mit Geld ist unbedingt erforderlich.

1   WISO find' ich gut

Jugend, Wirtschaft und Politik

Spritpreise steigen erneut

Wählen schon mit 16?

Schlag gegen Musik-Piraterie

Online-Kunden abgezockt

Ausbildungspakt schafft 20.000 zusätzliche Lehrstellen

Jugendliche in der Handyfalle

Electronic-Cash statt Bargeld

Bundespräsident mahnt Selbstkontrolle der Medien an

Welches Interesse haben junge Leute an Politik, Gesellschaft und Wirtschaft, und wie ist es um ihre Kenntnisse bestellt? Was bestimmt ihren Umgang mit Geld, und wie sehen ihre Erfahrungen mit ihrer Bank oder Sparkasse aus?

Diese und weitere Fragen wurden vom Mannheimer Institut für praxisorientierte Sozialforschung, ipos, untersucht. 751 junge Menschen im Alter von 14 bis 24 Jahren wurden hierzu befragt.

Die Umfrage über gesellschaftliche, politische und wirtschaftliche Interessen lässt sich leicht erweitern.

In weiteren Fragen können z. B. Wissensstand und gewünschte Themen im WISO-Unterricht erfasst werden.

■ **Formulieren Sie in Ihrer Lerngruppe weitere Fragen, führen Sie eine Umfrage durch und werten Sie diese aus.**

■ Führen Sie eine Umfrage in Ihrer Lerngruppe durch und werten Sie diese aus:

Für Politik interessiere ich mich …		
Auswertung		
	Gesamt	Prozent
☐ sehr stark		
☐ stark		
☐ etwas		
☐ kaum		
☐ gar nicht		

Für Wirtschaft interessiere ich mich …		
Auswertung		
	Gesamt	Prozent
☐ sehr stark		
☐ stark		
☐ etwas		
☐ kaum		
☐ gar nicht		

Über wirtschaftliche Zusammenhänge erwarte ich Informationen von …		
Auswertung (Mehrfachnennungen möglich!)		
	Gesamt	Prozent
☐ den Medien		
☐ der Schule		
☐ den Eltern		
☐ den Banken		

WISO find' ich gut | Jugend, Wirtschaft und Politik

- 1. Stellen Sie die Ergebnisse Ihrer Umfrage in einem Kreisdiagramm bzw. in einem Balkendiagramm dar.
- 2. Vergleichen Sie Ihr Umfrageergebnis mit dem der Jugendstudie.

Für Politik interessiere ich mich.

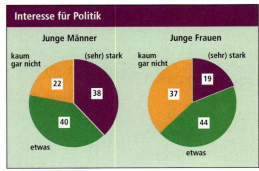

Für Wirtschaft interessiere ich mich.

Über wirtschaftliche Zusammenhänge erwarte ich Informationen von …

2 Wirtschaften und Haushalten

2.1 Wollen – Brauchen – Haben

Bedürfnisse und Bedarf

■ 1. Nicht alle Wünsche können in Erfüllung gehen. Wie verhalten Sie sich, um möglichst viele Wünsche Wirklichkeit werden zu lassen?

_____

_____

■ 2. Um welche Bedürfnisse muss sich jeder Mensch zuerst sorgen?

_____

_____

Jeder Mensch, gleich wann, wo und wie er lebt, hat Wünsche bzw. Bedürfnisse, die er befriedigen möchte.

Doch nicht alle Wünsche können erfüllt werden, da die Geldmittel nicht ausreichen. Um sich möglichst viele Bedürfnisse und Wünsche erfüllen zu können, muss der Mensch wirtschaften.

Dies heißt, er muss die vorhandenen knappen Mittel sinnvoll zur Bedürfnisbefriedigung einsetzen.

Sie haben sich für ein neues Handy entschieden. Brauchen Sie es wirklich oder wollen Sie es nur haben? Zwischen „wollen", „brauchen" und „haben" verläuft der mitunter schmale Grad zwischen Bedürfnis, Bedarf und Kaufentscheidung.

■ 3. Sammeln Sie Gründe für eine Kaufentscheidung.

_____

_____

_____

_____

_____

_____

_____

Bedürfnisarten

Bedürfnisse sind nicht alle gleichwertig. Es gibt **Grundbedürfnisse**, die jeder Mensch befriedigen muss, um leben zu können.
Dazu gehören Nahrung, Kleidung und Wohnung. Es ist aber eine Tatsache, dass ein Teil der Weltbevölkerung auch diese Existenzbedürfnisse kaum befriedigen kann. Hungerkatastrophen zeugen davon.

Daneben gibt es Bedürfnisse, deren Befriedigung nicht lebensnotwendig ist, zum Leben in einer Gesellschaft normalerweise aber dazugehören.
Diese **Kulturbedürfnisse** sind je nach Kulturkreis verschieden. Bildung, Unterhaltung oder Kunst gehören bei uns ebenso dazu, wie die Massenbedürfnisse Telefon, Auto oder Fernsehgerät.

■ 1. Ordnen Sie die folgenden Bedürfnisse den drei Bedürfnisarten (Grund-, Kultur- oder Luxusbedürfnisse) zu:
Äpfel – Brot – Champagner – Handy – Hemd – Kaviar – Klavier – Mantel – Mietwohnung – Motoryacht – Open-Air-Konzert – Radio – Weltreise – Laptop

Grundbedürfnisse	Kulturbedürfnisse	Luxusbedürfnisse

■ 2. Viele Luxusbedürfnisse von gestern zählen heute zu den Kulturbedürfnissen.
a) Nennen Sie Beispiele.

Weitergehende Bedürfnisse werden als **Luxusbedürfnisse** bezeichnet. Sie können von den meisten Bürgern nicht befriedigt werden. Viele frühere Luxusbedürfnisse sind heute zu Kulturbedürfnissen geworden.

_____

_____

_____

_____

b) Wie lässt sich das erklären?

_____

_____

_____

_____

■ 3. Für viele Menschen sind Existenzbedürfnisse schon Luxusbedürfnisse. Erläutern Sie diese Aussage.

_____

_____

_____

Wollen – Brauchen – Haben **I** Vom Bedürfnis zum Bedarf

Vom Bedürfnis zum Bedarf

Der Verkäufer und der Elch

Kennt ihr das Sprichwort „Dem Elch eine Gasmaske verkaufen"?

Das sagt man in Schweden von jemandem, der sehr tüchtig ist, und ich möchte jetzt erzählen, wie es zu diesem Sprichwort gekommen ist.

Es gab einmal einen Verkäufer, der war dafür berühmt, dass er allen alles verkaufen konnte.

Er hatte schon einem Zahnarzt eine Zahnbürste verkauft, einem Bäcker ein Brot und einem Obstbauern eine Kiste Äpfel.

„Ein wirklich guter Verkäufer bist du aber erst", sagten seine Freunde zu ihm, „wenn du einem Elch eine Gasmaske verkaufst."

Da ging der Verkäufer so weit nach Norden, bis er in einen Wald kam, in dem nur Elche wohnten.

„Guten Tag", sagte er zum ersten Elch, den er traf, „Sie brauchen bestimmt eine Gasmaske."

„Wozu?", fragte der Elch. „Die Luft ist gut hier."

„Alle haben heutzutage eine Gasmaske", sagte der Verkäufer.

„Es tut mir leid", sagte der Elch, „aber ich brauche keine."

„Warten Sie nur", sagte der Verkäufer. „Sie brauchen schon noch eine."

Und wenig später begann er mitten in dem Wald, in dem nur Elche wohnten, eine Fabrik zu bauen.

„Bist du wahnsinnig?", fragten seine Freunde.

„Nein", sagte er, „ich will nur dem Elch eine Gasmaske verkaufen."

Als die Fabrik fertig war, stiegen so viel giftige Abgase aus dem Schornstein, dass der Elch bald zum Verkäufer kam und zu ihm sagte: „Jetzt brauche ich eine Gasmaske."

„Das habe ich gedacht", sagte der Verkäufer und verkaufte ihm sofort eine. „Qualitätsware!", sagte er lustig.

„Die anderen Elche", sagte der Elch, „brauchen jetzt auch Gasmasken. Hast du noch mehr?" (Elche kennen die Höflichkeitsform mit „Sie" nicht.)

„Da habt ihr Glück", sagte der Verkäufer, „ich habe noch Tausende."

„Übrigens", sagte der Elch, „was machst du in deiner Fabrik?"

„Gasmasken", sagte der Verkäufer.

Quelle: Hohler Franz: Der Verkäufer und der Elch, in: Ein eigenartiger Tag, Darmstadt, Luchterhand, 1979, S. 74–75

■ **1. Zeigen Sie auf, inwiefern in der Satire Bedürfnis und Bedarf kritisch beleuchtet werden.**

_____

_____

_____

_____

■ **2. Übertragen Sie die Aussage der Satire auf Produkte und Güter, die ähnlich kritisch zu betrachten sind.**

_____

_____

_____

■ **3. Robinsonspiel**
Sie wurden vom Fernsehsender für eine neue Reihe des Robinsonspiels eingeladen. Ihre erste Aufgabe ist es, sich für 10 Dinge zu entscheiden, die Sie für den zweiwöchigen Inselaufenthalt benötigen. Für Essen und Trinken ist gesorgt.
Notieren Sie Ihre 10 Gegenstände und begründen Sie Ihre Entscheidung.

1. _____

2. _____

3. _____

4. _____

5. _____

6. _____

7. _____

8. _____

9. _____

10. _____

2.2 Sachen – Dienste – Rechte

Urheberrecht

Kannst du mir von der neuen CD eine Kopie brennen?

- 1. Wie würden Sie diese Frage beantworten?
- 2. Lesen Sie den folgenden Informationstext, markieren Sie wichtige Aussagen und notieren Sie Stichworte zum Inhalt.

Kopieren von Audio-CDs und Urheberrecht

Niemand findet etwas dabei, dass man mit der Eintrittskarte zu einem Konzert lediglich das Recht erwirbt, die Musikdarbietung zu erleben. Jedem ist klar, dass es verboten ist, die Aufführung mitzuschneiden. Beim Tonträger dagegen glauben viele, sie dürften mit der auf ihm gespeicherten Musik machen, was sie wollen. Tatsächlich erwirbt man aber auch beim Kauf eines Tonträgers – wie bei der Konzertkarte – grundsätzlich nur das Recht, die Musik im privaten Rahmen zu hören.

Wer eine Audio-CD kopieren möchte, muss klären, ob die Vervielfältigung rechtlich überhaupt zulässig ist. Denn an einer CD und der auf ihr enthaltenen Musikdarbietung bestehen Rechte, die durch eine Vervielfältigung verletzt werden können.

Wer eine CD kauft, erwirbt nur das Sacheigentum an der Plastikscheibe, nicht etwa auch die Rechte der Autoren (Komponisten und Textdichter), ausübenden Künstler und Hersteller. Grob vereinfachend kann man das mit der Miete eines Autos vergleichen: Als Mieter bekomme ich zwar einen Schlüssel und darf das Auto vertragsgemäß bewegen, aber natürlich nicht weitervermieten oder gar verkaufen. Niemand darf fremdes „geistiges Eigentum" ohne Genehmigung verwerten, selbst wenn man Eigentümer der körperlichen CD ist. Die Vervielfältigung eines Tonträgers ist deshalb grundsätzlich nur zulässig, wenn zuvor die Zustimmung jedes Rechteinhabers eingeholt wurde.

Wer ohne die ausdrückliche Zustimmung dieser Rechteinhaber CDs kopiert, handelt rechtswidrig und macht sich sogar strafbar (vgl. §§ 106, 108 Abs. 1 Nr. 4 und 5 UrhG).

Quelle: http://www.ifpi.de/recht/kopieren.htm

Sachen – Dienste – Rechte I Urheberrecht

Privatkopien sind eine Ausnahme

Grundsätzlich ist es nicht erlaubt, Musik ohne Erlaubnis der Rechteinhaber zu kopieren. Eine Besonderheit des deutschen Rechts ist, dass einzelne Vervielfältigungen zum privaten Gebrauch gemäß § 53 Abs. 1 UrhG ausnahmsweise zulässig sind (Privatkopien). Allerdings nur dann, wenn der Tonträger nicht durch einen Kopierschutz geschützt ist. Das Knacken des Kopierschutzes – auch zum privaten Gebrauch – ist verboten.

Der privaten Vervielfältigung sind jedoch enge Grenzen gesetzt. Als Schrankenregelung ist § 53 darüber hinaus auch grundsätzlich eng auszulegen (BGHZ 134, S. 250 ff.). Zulässig sind gem. § 53 Abs. 1 UrhG „einzelne Vervielfältigungen eines Werkes durch eine natürliche Person zum eigenen privaten Gebrauch auf beliebigen Trägern, sofern sie weder unmittelbar noch mittelbar Erwerbszwecken dienen und soweit nicht zur Vervielfältigung eine offensichtlich rechtswidrig hergestellte Vorlage verwendet wird."

Es dürfen also immer nur einige wenige Kopien angefertigt werden. Zulässig ist die Vervielfältigung nur für den privaten, eigenen Gebrauch, wozu auch noch der (Mit-)Gebrauch durch Familienangehörige oder enge Freunde zählt. Die Vervielfältigung ist jedoch nur zulässig, wenn der private Gebrauch auch tatsächlich bezweckt ist.

Das ist nicht mehr der Fall, wenn die Vervielfältigung von vornherein mit der Absicht geschieht, die Kopie zu verkaufen, zu tauschen oder zu verschenken. Denn in diesen Fällen kann derjenige, der die Kopie anfertigt, sie gerade nicht mehr benutzen, sodass kein eigener Gebrauch bezweckt ist, sondern der Gebrauch duch einen anderen.

§ 53 Abs. 1 Satz 2 UrhG lässt zwar auch die Kopie durch einen Dritten zu. Dieser darf aber stets nur auf Bestellung und darüber hinaus auch nur unentgeltlich tätig werden. Anders als beispielsweise beim Kopieren von Printmedien in Copyshops dürfen aus dem Kopieren von Tonaufnahmen also keine Einkünfte erzielt werden.

Ungeschriebenes Tatbestandsmerkmal des § 53 Abs. 1 UrhG ist, dass die Kopiervorlage rechtmäßig erlangt worden sein muss. Illegal erlangte CDs dürfen also auch nicht zum privaten Gebrauch kopiert werden. Es muss sich bei der Kopiervorlage aber nicht um eine eigene CD handeln. Auch von offensichtlich rechtswidrig hergestellten Vorlagen darf keine Privatkopie hergestellt werden. Das bedeutet: Die Kopie einer evidenten Raubkopie ist illegal.

Zu beachten ist ferner, dass die einmal rechtmäßig hergestellten Vervielfältigungsstücke keinesfalls später verbreitet oder zu öffentlichen Wiedergaben benutzt werden dürfen (§ 53 Abs. 6 UrhG). Das bedeutet, dass auch Kopien, die ursprünglich für den privaten Gebrauch hergestellt wurden, später nicht öffentlich angeboten, verkauft, verschenkt oder in der Öffentlichkeit abgespielt werden dürfen. Auch das Bereitstellen von Musikkopien in sogenannten „Internet-Tauschbörsen" ist nicht erlaubt.

Wer ohne die ausdrückliche Zustimmung nur eines der Rechteinhaber Tonaufnahmen außerhalb des eng begrenzten Rahmens des § 53 UrhG kopiert, handelt rechtswidrig und macht sich sogar strafbar (vgl. §§ 106, 108 Abs. 1 Nr. 4 und 5 UrhG).

Quelle: Bundesverband Musikindustrie e.V., http://www.musikindustrie.de/115.html, Zugriff am 10.01.08

■ **1. Welches Recht erwerbe ich mit dem Kauf einer CD?**

■ **2. Wer ist Rechteinhaber einer CD und was bedeutet das?**

■ **3. Ergänzen Sie die folgende Aussage:**

Was die Brötchen für den Bäcker sind, sind _____ für den Musiker.

■ **4. „Kannst du mir von der neuen CD eine Kopie brennen?" Wie muss die Frage beantwortet werden?**

Arten von Gütern

Die meisten Güter sind knapp, sodass damit wirtschaftlich gehandelt werden muss. Nur wenige Güter sind unbegrenzt, frei verfügbar und kostenlos. Zu den freien Gütern zählen z. B. Luft, Sonne und in einigen wenigen Gebieten Wasser. Auch **freie Güter** können zu wirtschaftlichen Gütern werden, z. B. die Luft, wenn sie in der Raumfahrt oder beim Tauchen gebraucht wird. Die **wirtschaftlichen Güter** lassen sich in Sachgüter, Dienstleistungen und Rechte einteilen.

Sachgüter sind Waren, die gebraucht oder verbraucht werden. Werden sie zur Herstellung von anderen Gütern eingesetzt, handelt es sich um **Produktionsgüter**; dienen sie dem Verbrauch der privaten Haushalte, werden sie als **Konsumgüter** bezeichnet. So ist ein Auto für den Verbraucher ein Konsumgut, während es für ein Unternehmen als Firmenwagen ein Produktionsgut ist. Das Auto ist aber für beide ein Gebrauchsgut; dagegen ist das Benzin für das Fahrzeug ein Verbrauchsgut. Als **Verbrauchsgüter** gelten alle Güter, die einmal benutzt werden; **Gebrauchsgüter** sind mehrmals benutzbar und längerlebig.

Viele Güter werden als **Dienstleistungen** angeboten. Die Leistungen von Krankenhäusern, Versicherungen, Reisebüros, Schulen, Handel oder Banken sind Dienste, die als wirtschaftliche Güter in Anspruch genommen werden können. Die Nachfrage nach Dienstleistungen ist in den letzten Jahren gegenüber den Sachgütern deutlich größer geworden. Erklärbar ist dies u. a. durch den gewachsenen Lebensstandard und den größeren Bedarf nach Freizeitgestaltung. Deshalb bezeichnet man unsere Volkswirtschaft auch als Dienstleistungsgesellschaft.

Auch **Rechte** sind ein wirtschaftliches Gut und als geistiges Eigentum geschützt. Zu solchen Rechten zählen neben Urheberrechten Patente, Lizenzen und eingetragene Markennamen. Sie werden wie andere Güter verkauft und gekauft.

■ **1. Setzen Sie in das Schaubild die oben fett gedruckten Begriffe sinnvoll ein:**

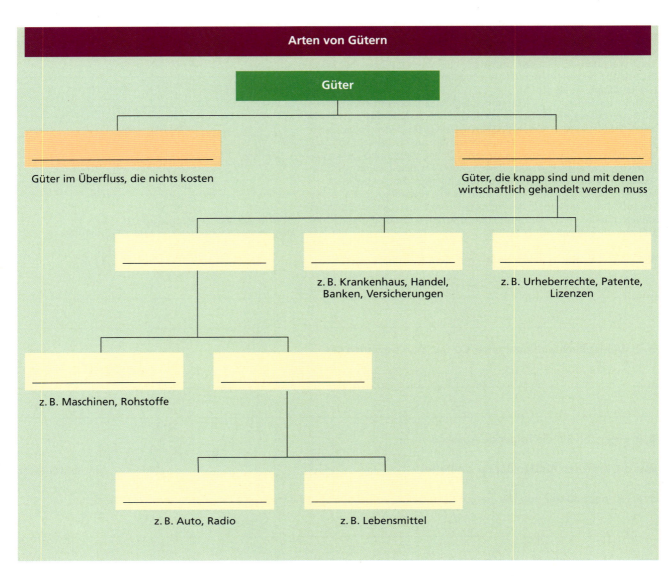

Marken und Warenzeichen

Rechte im Überblick

Eine **Marke** – auch unter dem Begriff **Warenzeichen** bekannt – ist rechtlich ein besonderes Zeichen, das dazu dient, im Handelsverkehr bestimmte Waren oder Dienstleistungen eines Unternehmens von gleichartigen Waren und Dienstleistungen anderer Unternehmen zu unterscheiden. Häufig werden Warenzeichen mit einem ® (in Deutschland verwendet) oder ™ (trademark – vor allem von amerikanischen Firmen gebraucht) als Hinweis auf den eingetragenen Markenschutz gekennzeichnet.

© Copyright 2008: Bildungsverlag EINS GmbH, Troisdorf

Das Werk und seine Teile sind urheberrechtlich geschützt. Jede Nutzung in anderen als den gesetzlich zugelassenen Fällen bedarf der vorherigen schriftlichen Einwilligung des Verlages.

Hinweis zu § 52 a UrhG: Weder das Werk noch seine Teile dürfen ohne eine solche Einwilligung eingescannt und in ein Netzwerk eingestellt werden. Dies gilt auch für Intranets von Schulen und sonstigen Bildungseinrichtungen.

Gütesiegel im Internet sorgen für Verbraucherschutz und garantieren den Kunden, dass die Unternehmen Mindeststandards einhalten. Den Konsumenten ermöglichen sie auch die Rückerstattung des Kaufpreises. Existenzgründern bieten sie eine komplette Software-Oberfläche zum Start als Internetshop. Gütesiegelunternehmen haben sich unter dem Dach der Initiative D21 zusammengeschlossen.

Folgende Gütesiegel für Verbrauchergeschäfte werden von der Initiative D21 empfohlen:

■ **1. Führen Sie weitere Waren- oder Markenzeichen an.**

_____

_____

_____

_____

■ **2. Führen Sie weitere Gütesiegel an.**

_____

_____

■ **3. Informieren Sie sich auf der Internetseite www.internet-guetesiegel.de über die oben angeführten Gütesiegel.**

2.3 Mit den Mitteln haushalten

Ökonomisches Prinzip

Ein Sieg, der nicht zählt

Bei den Olympischen Spielen 1984 in Los Angeles ereignete sich eine erregende Geschichte. Der Schwimmer Thomas Fahrner hatte sich im Vorlauf ein klares Ziel gesetzt: Teilnahme am Endlauf. Dazu genügte die achtbeste Zeit. Um seine Kräfte für den Endlauf zu schonen, spekulierte Fahrner darauf, diese Qualifikationen gerade noch zu schaffen. Doch die Rechnung ging nicht auf, er schwamm nur die neuntbeste Zeit und verpasste das Finale.

Thomas Fahrner musste in den Trostlauf. Hier wollte er es allen beweisen. Sein Vorsatz war, um jeden Preiss schneller zu sein als der vorher ermittelte Olympiasieger George Dicarlo (USA). Das Vorhaben gelang. Fahrner schwamm im B-Finale olympischen Rekord, erreichte aber trotzdem nur Rang 9.

Quelle: Valerien, Harry: Olympia 1984. Los Angeles, Sarajewo, 1. Auflage, München, Südwestverlag.

■ 1. Mit welcher Überlegung ist der Schwimmer an den Start zum Vorlauf gegangen?

___

___

■ 2. Welches Ziel hatte Thomas Fahrner im B-Finale?

___

■ 3. Erläutern Sie, wie der Schwimmer seine Kräfte im Vorlauf und wie er sie im B-Finale eingesetzt hat.

___

___

___

Der Fall des Schwimmers zeigt, dass **wirtschaftliches Handeln** erfordert, die Mittel richtig einzusetzen, um die gesteckten Ziele zu erreichen. Dieses wirtschaftliche (ökonomische) Prinzip gilt für private Haushalte wie für Unternehmen. Dabei lassen sich zwei Formen des **ökonomischen Prinzips** unterscheiden: das Maximal- und das Minimalprinzip.

Beim **Minimalprinzip** soll ein bestimmtes Ziel mit möglichst geringen (minimalen) Mitteln erreicht werden. Beim **Maximalprinzip** soll ein höchstmögliches (maximales) Ergebnis mit einem bestimmten Mitteleinsatz erzielt werden.

In Unternehmen finden beide Prinzipien ihre Anwendung. Umsatz und Gewinn richten sich in der Regel nach dem Maximalprinzip, während z. B. beim Einsatz von Rohstoffen und Energie das Minimalprinzip (Sparprinzip) gilt. Gerade umweltschonendes Produzieren erfordert dieses Sparprinzip.

Auch die privaten Haushalte bedienen sich der beiden wirtschaftlichen Prinzipien. Indem z. B. der Verbraucher Angebote vergleicht, um möglichst preiswert einzukaufen, wendet er das Minimalprinzip an. Der Sparer sucht nach dem Maximalprinzip die beste Anlageform für seine Ersparnisse.

■ 4. Warum kann das Minimalprinzip auch als Sparprinzip bezeichnet werden?

___

Mit den Mitteln haushalten I Ökonomisches Prinzip

A	**GEIZ IST GEIL**

Saturn (Elektro-Markt)

B **Der Whisky, bei dem man nicht über den Preis spricht**
Dimple Whisky

C **Es war schon immer etwas teurer einen besonderen Geschmack zu haben.**
Atika (Zigaretten)

D Ein Luxus, den man sich leisten kann
Peer (Bekleidung)

E *Bei diesen Preisen muss man reisen*
1-2-Fly (Fluglinie)

■ 1. An welches ökonomische Prinzip wird in den Werbeslogans appelliert?

A: _____

B: _____

C: _____

D: _____

E: _____

■ 2. Welches ökonomische Prinzip wird angewandt? Begründen Sie Ihre Entscheidung,

a) Die Normalleistung eines Akkordarbeiters beträgt 680 Stück pro Arbeitstag.
   Heute hat der Arbeiter 730 Stück bearbeitet.

Prinzip:	Begründung:

b) Die Benzinpreise sind wieder gestiegen. Frau Wetzlar kann durch eine defensive Fahrweise den Benzinverbrauch um 1,5 l/100 km senken.

Prinzip:	Begründung:

c) Der Schreinergeselle F. Jäger hat einen Verbesserungsvorschlag eingereicht.
   Durch eine andere Zuschneidetechnik fällt weniger Verschnitt an.

Prinzip:	Begründung:

d) Durch den Verbesserungsvorschlag des Schreinergesellen F. Jäger können aus einem Holzstück zwei Teile mehr zugeschnitten werden.

Prinzip:	Begründung:

2.4 Ohne Moos nichts los

Konsumverhalten von Jugendlichen

Die KidsVerbraucherAnalyse 2003 hat Jugendliche nach ihren Wünschen (Bedürfnissen) und ihrem Konsumverhalten (Bedarf) befragt. Dabei wurde deutlich, dass bei den Jugendlichen noch viele Wünsche offen sind.

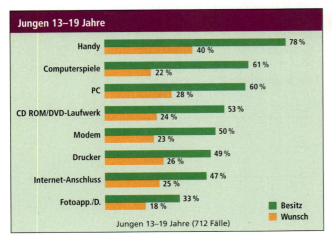

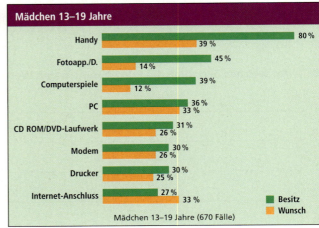

■ 1. Wie erklären Sie sich, dass das Handy beim Besitz und Wunsch an erster Stelle steht?

■ 2. Wie lässt sich die unterschiedliche Rangfolge der Güter und Bedürfnisse bei Mädchen und Jungen erklären?

■ 3. Woran scheitert es oft, dass sich nicht alle Wünsche erfüllen lassen?

■ 4. Führen Sie in Ihrer Lerngruppe eine Umfrage in Anlehnung an die KidsVerbraucherAnalyse über „Besitz und Wünsche" durch. Halten Sie die Ergebnisse in einer Grafik fest.

Besitz und Wünsche der Lerngruppe

Funktionen des Geldes

„Ohne Moos nichts los." Diese Redewendung macht deutlich, dass sich viele Wünsche nur mit Geld verwirklichen lassen.

■ 1. Welche beiden Verwendungsmöglichkeiten des Geldes werden in der nebenstehenden Collage deutlich?

a) _____

b) _____

Die Redewendung „Geld regiert die Welt." weist auf die Bedeutung und Macht des Geldes hin. Tatsächlich hat das Geld in Wirtschaft und Gesellschaft wichtige Funktionen.

■ 2. Ergänzen Sie den Informationstext sinnvoll durch folgende Begriffe:
Taschengeld – Wertmaßstabes – Kreditinstituten – Wertübertragungsmittels – Tauschmittel – Wertaufbewahrungsmittel – Euro – gesetzliches Zahlungsmittel

Funktionen des Geldes

Geld ist ein allgemein anerkanntes Zahlungsmittel, mit dem Güter und Dienstleistungen gekauft werden können.

Der Staat oder eine Staatengemeinschaft bestimmt, welches Geld in seinem Hoheitsgebiet als _____ _____ zugelassen ist. In der Bundesrepublik Deutschland und in 14 weiteren EU-Ländern ist dies der _____.

Geld erleichtert den Handel mit Waren und Dienstleistungen. Mit Geld ist es möglich, Ware gegen Geld problemlos zu tauschen. Das umständliche Tauschen von Ware gegen Ware ist überflüssig; Geld hat die Funktion als _____ übernommen.

„Alles hat seinen Preis." Preise werden in Geldeinheiten (Euro, Cent) ausgedrückt. Geld ermöglicht es, den Wert von Waren und Dienstleistungen zu bestimmen und zu vergleichen. Das Geld hat die Funktion eines _____ und Rechenmittels.

„Geld stinkt nicht." Der Mensch bewahrt Waren für Notfälle auf. Waren können verderben. Deshalb ist Geld als Vorsorge für Notfälle besser geeignet. Sinnvoll ist es, Geld bei _____ aufzubewahren, da es hier – anders als in Omas Sparstrumpf – Zinsen bringt und seine Funktion als _____ _____ erhalten kann.

„Geld geschenkt – gut geschenkt!" Statt Waren lassen sich auch Geldbeträge verschenken. Dabei wird es ohne Gegenleistung auf andere Personen übertragen. Dies ist z. B. bei _____ oder einem Geschenkgutschein der Fall. Geld hat die Funktion eines _____.

Sicherheitsmerkmale bei Banknoten

Unser gesetzliches Zahlungsmittel ist der Euro. Zum Schutz vor Fälschungen sind die Banknoten mit einer Reihe von Sicherheitsmerkmalen versehen. Die Sicherheit beginnt bereits bei dem verwendeten Spezialpapier. Außerdem hat jede Banknote zusätzliche Sicherheitsmerkmale: Bildwasserzeichen, Drahtwasserzeichen, Balkenwasserzeichen, Sicherheitsfaden, Durchsichtsregister, ertastbarer Stichtiefdruck (Relief).

■ **1. Ordnen Sie die Sicherheitsmerkmale den Pfeilen zu und beschriften Sie die Felder.**

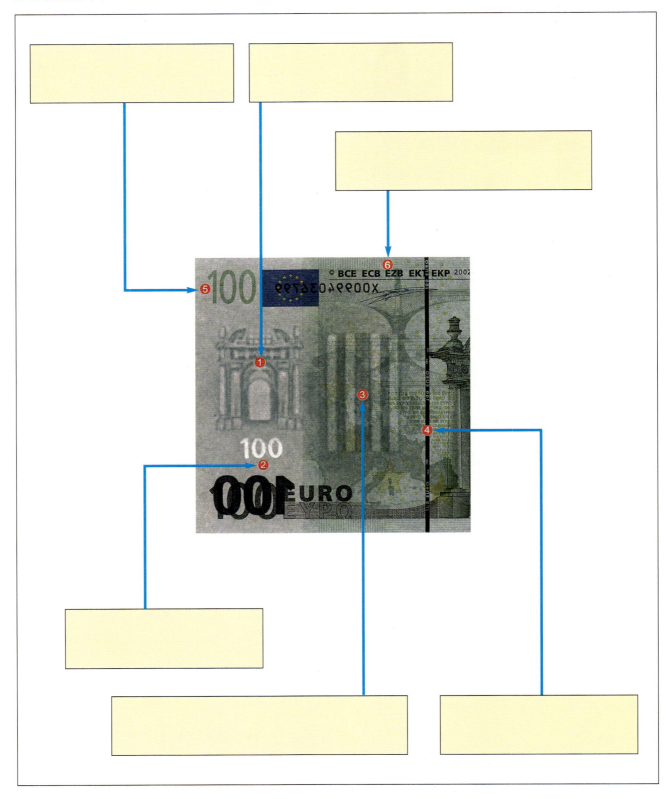

■ **2. Informieren Sie sich auf den folgenden Internetseiten über das Geld und den Euro:**
www.moneymuseum.de, www.bundesbank.de oder www.schulbank.de

Verwendung des Taschengeldes

Jugendliche haben Geld. So haben die 13- bis 15-jährigen Mädchen pro Monat 38 EUR, die 16- bis 19-Jährigen sogar 164 EUR zur Verfügung. Jungs stellen sich noch besser: Die 13- bis 15-jährigen Jungen können über 41 EUR pro Monat verfügen, bei den 16- bis 19-Jährigen sind es 217 EUR. Zusätzlich gibt es am Geburtstag und zu Weihnachten Extra-Taschengeld.

■ 1. Wie viel Taschengeld haben Sie monatlich zur freien Verfügung?

_____

■ 2. Für was wird das Taschengeld verwendet?
Laut der Bravo-Studie „Bravo Faktor Jugend 6" konsumieren Jugendliche nicht gedankenlos. Die 12- bis 18-Jährigen haben insgesamt rund 4,4 Milliarden Euro im Jahr zur Verfügung.

Ordnen Sie die folgenden 20 Nennungen den Ausgaben in Mio. EUR zu:

Zeitschriften – Getränke – Fastfood – Kino und Konzerte – Schuhe – Sportartikel – Handy – Kosmetik – Haarstyling – PC und Spiele – Salzgebäck – Schule – Mode, Kleidung – Sparen – Musik-CDs – Süßigkeiten – Körperpflege – Geschenke – Bücher u. Filme – Taschen, Rucksäcke

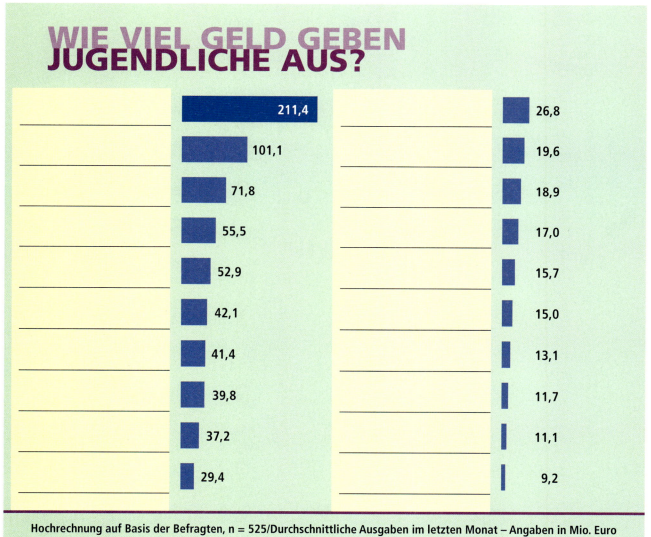

Hochrechnung auf Basis der Befragten, n = 525/Durchschnittliche Ausgaben im letzten Monat – Angaben in Mio. Euro

Über die Ergebnisse der Studie können Sie sich unter www.bauermedia.com/zielgruppen.0.html informieren.

Quelle: www.bauermedia.com/zielgruppen.0.html, Zugriff 15.09.2007, Bauer Media KG

2.5 Mit Geld umgehen

Haushaltsbuch

Reinhold Klein will sich einen Überblick über seine Einnahmen und Ausgaben im Monat Mai verschaffen. Dazu hat er sämtliche Belege gesammelt.

Mit Geld umgehen | Haushaltsbuch **23**

■ Sortieren Sie die Belege nach Einnahmen und Ausgaben. Errechnen Sie, ob Reinhold mit seinem Einkommen auskommt.

Einnahmen	Beleg	Betrag
	Gesamteinnahmen:	

Ausgaben	Beleg	Betrag
	Gesamtausgaben:	

Planspiel: Ohne Moos nix los

Mit diesem Spiel lässt sich realistisch der Umgang mit Geld einüben. Die Spielerinnen und Spieler sollen wie im täglichen Leben, Monat für Monat mit dem Geld auskommen und mit den Alltagsschwierigkeiten fertig werden nach dem Motto: „Stell dir vor, du hast 'ne Bude, ein Auto und ein Einkommen und das ein ganzes Jahr lang."

Quelle: www.sowi-online.de/methoden/dokumente/bohrplan.pdf, Zugriff 15.09.2007, Lutz-Ekkehard Bohr/Dirk Niebuhr/Thomas Warsitz, Ohne Moos nix los, Kieser Verlag 1995

Mit Geld umgehen I Haushaltsbuch

■ **1. Reinhold Klein will im September eine Urlaubsreise machen. Dafür will er noch 750,00 EUR sparen. Errechnen Sie, wie viel er im Monat Mai bereits für die Reise zurücklegen kann.**
(Tipp: Wenn die Quersumme des gesparten Geldes die Zahl 5 ergibt, haben Sie richtig gerechnet.)

Gesamteinnahmen	_____
− Gesamtausgaben	_____
= Gespart	_____

■ **2. Mit dem Einkommen auszukommen, ist nicht immer einfach. Viele Ausgaben stehen fest und lassen sich kaum beeinflussen.**
Auf welche Ausgaben hat Reinhold keinen Einfluss?

_____

_____

■ **3. Heute liest Reinhold die folgende Meldung:**

Zigaretten werden mehr als zehn Prozent teurer

Raucher müssen nochmals tiefer in die Tasche greifen. Die Steuer wird jetzt zum zweiten Mal erhöht. Wie schon zum 1. März wird die Steuer um rund 1,2 Cent je Stück angehoben. Aber nicht nur der Fiskus schlägt zu: Die Tabakkonzerne legen wie schon im März auch bei dieser Preisrunde noch etwas drauf und erhöhen die Preise stärker als die reine Steuererhöhung ausmacht.

Quelle: http://www2.onnachrichten.t-online.de/dyn/c/29/01/98/2901982.html (verändert)

Jede Zigarette kostet 1,2 Cent mehr

a) Was bedeutet dies im Hinblick auf Reinholds Ausgaben?

_____

_____

_____

b) Wie kann Reinhold auf die Verteuerung reagieren?

_____

_____

_____

Das computergestützte Haushaltsbuch:

Übertragen Sie die Ein- und Ausgaben von Reinhold Klein in den Budgetplaner.
a) Wie verändert sich die Ausgabensituation, wenn Reinhold Klein Ihre Vorschläge berücksichtigt?
b) Gestalten Sie die Ausgabenseite so, dass Reinhold Klein 300,00 EUR für seinen Urlaub sparen kann.

Quelle: www.geldundhaushalt.de/downloads/download_budgetplaner.html?bankcode=, Geld und Haushalt – Beratungsdienst der Sparkassen-Finanzgruppe, 15.09.2007

2.6 Welcher Geldtyp sind Sie?

Der persönliche Test: Welcher Geldtyp sind Sie?

■ 1. Beantworten Sie die Fragen, indem Sie die Antwort ankreuzen, der Sie zustimmen können.

1. Wer kann am besten beurteilen, was Sie sich finanziell leisten können?

C Meine Bank, bei der alle meine Einnahmen und Ausgaben verwaltet werden.

B Das traue ich mir selbst am ehesten zu.

A Das kann ein unabhängiger Finanz- oder Verbraucherberater am besten.

D Wenn ich mir etwas leisten will, dann schaffe ich es irgendwie, das zu bezahlen.

2. Was Sie sich schon lange gewünscht haben, ist im Super-Sonderangebot, aber das nötige Kleingeld fehlt leider im Moment. Überziehen Sie Ihr Konto mit der ec-Karte?

C Wenn ich damit rechnen kann, dass das Konto in ein paar Monaten wieder ausgeglichen ist.

A Nein, das kommt aus Prinzip nicht infrage.

B Das kommt auf den Betrag an.

D Warum nicht? Notfalls muss ich danach den Gürtel eine Weile enger schnallen.

3. Ist es Ihnen schon einmal passiert, dass Sie beim Einkaufen mehr Geld ausgegeben haben, als Sie eigentlich wollten?

A Normalerweise passiert mir das nicht.

C Wenn ich shoppen gehe, mache ich vorher keinen Plan, was ich genau kaufen will.

B Bei tollen Schnäppchen, warum nicht? Da kann ich sogar noch sparen.

D Ich weiß nicht. Ich kaufe oft mit Karte ein, da fällt das sowieso nicht auf.

4. Was halten Sie davon, jungen Leuten ab 16 Jahren eine Kreditkarte zu geben?

C Finde ich völlig ok, weil man früh lernen sollte, seine Schulden wieder zurückzuzahlen.

D Ist in Ordnung, wenn die Eltern ein ausreichendes Einkommen haben.

A Das halte ich prinzipiell für bedenklich.

B Solange man das Konto damit nicht überziehen kann, habe ich keine Bedenken.

5. Heute kann man in Kaufhäusern problemlos mit Karte zahlen. Wie finden Sie das?

D Ist doch toll, z. B. für einen Spontankauf, wenn man gerade mal nicht flüssig ist.

C Ich finde das praktisch, weil ich dann nicht so viel Bargeld mit mir rumtragen muss.

A Das ist zu verführerisch, deshalb bezahle ich grundsätzlich immer bar.

B Das ist völlig normal, solange man den Überblick behält.

6. Nach welchen Kriterien würden Sie sich für eine bestimmte Bank oder Sparkasse entscheiden?

C Meine Eltern haben dort auch schon ihr Konto.

A Ich schaue mir die Höhe der Gebühren an.

D Egal! Die Banken oder Sparkassen sind im Prinzip alle gleich.

B Die Bank oder Sparkasse sollte in der Nähe meiner Wohnung sein.

7. Welcher der folgenden Sprüche zum Thema Geld findet am ehesten Ihre Zustimmung?

A Geld ist nicht alles, aber ohne Geld ist alles nichts!

B Mit Geld bist du der King, ohne Geld ein Wurm!

C Geld allein macht nicht glücklich!

D Ohne Moos nix los!

8. Finden Sie es wichtig, „in" zu sein und im allgemeinen Trend zu liegen?

C Wer will schon out sein?

D Ohne Markenkleidung kann man sich doch nirgendwo sehen lassen.

B Ständig „in" zu sein finde ich out.

A Ich achte immer zuerst aufs Geld und dann auf die Marke.

9. Welche Rolle spielen Geschenke in Ihrem Leben?

A Bei Geschenken überlege ich mir als erstes, wie viel ich ausgeben will.

B Geschenke kaufe ich gern mit anderen zusammen, das ist einfach praktisch.

C Wenn ein Geschenk ein Knüller ist, lege ich schon mal etwas mehr an.

D Freunde und Verwandte sind mir wichtig. Das lasse ich mir etwas kosten.

10. Ein guter Freund will spontan mit Ihnen drei Tage nach Mallorca fliegen, Anmeldefrist morgen. Zeit und Lust hätten Sie schon, aber im Moment sind Sie nicht so flüssig. Was tun?

D Ich melde mich erst einmal an. Irgendwie kriege ich das dann schon geregelt.

C Ich rede mit meiner Bank, ob mein Konto oder Sparbuch spontan so viel hergibt.

B Ich schlafe erst einmal drüber.

A So Leid es mir tut: Da muss er eben ohne mich fliegen.

Auswertung:

■ 2. Zählen Sie bitte für jedes angekreuzte A = 1 Punkt, B = 3 Punkte, C = 5 Punkte und D = 7 Punkte. Addieren Sie anschließend die Punkte.

_____ x 7 Punkte = _____ Punkte

_____ x 5 Punkte = _____ Punkte

_____ x 3 Punkte = _____ Punkte

_____ x 1 Punkt = _____ Punkte, insgesamt: _____ Punkte

Welcher Geldtyp Sie sind, können Sie auf Seite 6 nachlesen.

2.7 Auf die hohe Kante legen

Sparen

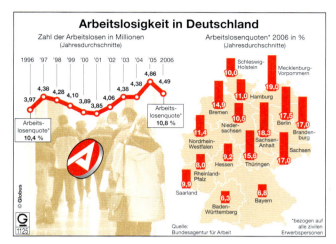

■ 1. Vergleichen Sie die Entwicklungskurve der Arbeitslosigkeit mit der Entwicklung der Ersparnisse. Welche Zusammenhänge lassen sich ableiten?

_____

■ 2. Wie erklären Sie sich, dass die Gesamtersparnisse in den letzten Jahren gestiegen sind, die Sparquote jedoch rückläufig ist?

_____
_____
_____

> Indem die Haushalte vorübergehend auf Konsum verzichten, können sie einen Teil ihres Einkommens sparen. Die jährliche Sparquote liegt in der Bundesrepublik Deutschland zwischen 10 und 13 Prozent. Viel sparen kann nur, wer viel verdient. Die Sparfähigkeit ist aber nicht allein vom Einkommen abhängig. Die wirtschaftlichen Verhältnisse (z. B. Preise, Löhne, Arbeitslosigkeit, Zinsen), zukünftige Ziele der Haushalte und der Wille zum Sparen beeinflussen die Sparquote.

■ 3. Ergänzen Sie die folgenden Redensarten:

a) Spare in der Zeit, _____ .

b) Wer den Cent nicht ehrt, _____ .

c) Wer keinen Cent sparen kann, _____ .

Geiz meint in der Werbung ja nicht Knauserigkeit als Wert an sich, sondern Preisbewusstsein und Sparsamkeit. Der Verbraucher handelt dabei völlig rational. Wenn er weniger Geld zur Verfügung hat, gibt er auch weniger aus ... Wenn dieser Geiz bedeuten würde, dass wir auch nicht mehr für wohltätige Zwecke spenden, dass wir jegliches ehrenamtliches Engagement hinter uns lassen und aus allen Vereinen austreten – dann allerdings hätten wir wirklich ein Problem. Aber ich denke, dass wir uns ohnehin gerade verwandeln. Der Abschied von der Konsumgesellschaft hat bereits begonnen.

Quelle: Prof. Paul Nolte in einem Spiegel-Interview, in: (Der Spiegel 51, 2004, S. 92)

■ 4. Diskutieren Sie über diese Äußerungen.

Spar-Ziele

Die Ziele und Gründe zu sparen sind vielschichtig.

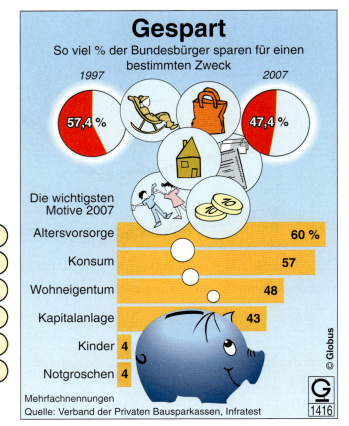

Spar-Gründe

A) Zwecksparen
Bei größeren Anschaffungen oder Ausgaben ist es notwendig, über einen längeren Zeitraum Geldmittel vom verfügbaren Einkommen anzusparen. Nur so sind diese Anschaffungen und Ausgaben in der Regel zu finanzieren.

B) Vermögensbildung
Spargelder können der Geldanlage dienen. Für die Kapitalanlage erwartet der Sparer eine Verzinsung und damit ein zusätzliches Einkommen. Der Staat unterstützt die Vermögensbildung von Haushalten mit niedrigem Einkommen, indem er Sparprämien zahlt.

C) Vorsorgesparen
Für Notsituationen, für das Alter oder für die Aus- und Weiterbildung der Kinder werden Spargelder bei Versicherungen oder Banken angelegt. Der Beweggrund zum Sparen ist hier vor allem das Bedürfnis nach Sicherheit.

■ 1. Ordnen Sie den Spar-Zielen die Spar-Gründe zu, indem Sie in die Kreise A, B oder C eintragen.

■ 2. Das Sparguthaben der 13- bis 15-jährigen Jungen beträgt 623 EUR, die 16- bis 19-Jährigen haben im Schnitt sogar 1.249 EUR auf der hohen Kante. Bei den Mädchen belaufen sich diese Spargthaben auf 679 EUR bzw. auf 1.222 EUR. (Angaben nach KidsVerbraucherAnalyse (KVA) 2003).
Erstellen Sie die „Hitparade" Ihrer Ziele, für die es sich lohnt zu sparen.

1. _____
2. _____
3. _____
4. _____
5. _____
6. _____
7. _____
8. _____
9. _____
10. _____

Quelle: www.bauermedia.com/fileadmin/user_upload/pdf/studien/konferenzen/kids2003/Kaufkraft.pdf, Zugriff 15.09.2007, Bauer Media KG

■ 3. Vergleichen Sie Ihre Top Ten der Spar-Ziele mit den Ergebnissen der KVA-Studie.

2.8 Geld arbeiten lassen

Geld anlegen

Karin hat 20.000 EUR von ihrer Tante geerbt. Sie möchte das Geld anlegen. Bei ihrem Kreditinstitut lässt sie sich von einer Mitarbeiterin beraten. Diese erklärt Karin, dass die Form der Geldanlage von mehreren Fragen abhängt. Zunächst sollte sich Karin überlegen, ob sie das Geld nicht in Kürze wieder für Ausgaben benötige. Davon hänge es ab, ob sie ihr Geld kurz- oder langfristig anlegen kann. Je nach Art der Kapitalanlage, z. B. Aktien oder Bundesschatzbriefe, sei das Risiko unterschiedlich hoch. Wer viel wage, könne zwar viel gewinnen, aber auch viel verlieren. Die Anlageberaterin erläutert Karin auch, dass sie vom Staat für bestimmte Anlagen eine Sparförderung in Anspruch nehmen kann.

■ 1. Über welche drei Anlagekriterien muss sich Karin vor der Geldanlage Gedanken machen?

■ 2. Auf welche Zusammenhänge wird in der Karikatur hingewiesen?

■ 3. Welche Vorteile hat eine langfristige Geldanlage?

Die Anlagekriterien Verfügbarkeit, Sicherheit und Ertrag sind miteinander verknüpft. So bringen langfristige Anlagen in der Regel größere Zinserträge als Anlagen, über die der Sparer kurzfristig verfügen kann. Bei risikoreichen Anlagen ohne Ertragsgarantie sind hohe Gewinne, aber auch Verluste möglich.

Wer sparen und Geld anlegen will, sollte sich deshalb beraten lassen. Geld anlegen kann der Sparer nicht nur bei Sparkassen, Banken oder der Postbank, sondern z. B. auch bei Versicherungen oder Bausparkassen.

Anlageformen

Spareinlagen
Das klassische **Sparbuch** ist noch immer eine beliebte Sparform. Bei Spareinlagen mit gesetzlicher Kündigungsfrist von drei Monaten darf der Sparer bei vielen Banken und Sparkassen pro Monat höchstens 2.000 EUR abheben. Sonst muss er „Strafzinsen" zahlen. Die schnelle Verfügbarkeit wird allerdings nur niedrig verzinst.

Versicherungssparen
Die **Kapitallebensversicherung** ist die typische Form des Versicherungssparens. Der Versicherte zahlt monatlich einen festen Betrag und erhält am Ende der vereinbarten Laufzeit die Beiträge mit den Gewinnanteilen ausbezahlt. Andere Formen des Versicherungssparens sind die private Rentenversicherung oder die Ausbildungsversicherung.

Bausparen
Für Sparer, die in der Zukunft ein Grundstück, ein Haus oder eine Wohnung erwerben bzw. modernisieren wollen, sind **Bausparverträge** eine gute Finanzierungsgrundlage. Der Bausparer schließt mit einer Bausparkasse einen Vertrag über eine bestimme Bausparsumme ab. Der Sparer zahlt regelmäßig Beiträge auf seinen Bausparvertrag ein. Nachdem er einen Anteil der Bausparsumme eingezahlt hat, erfolgt die Zuteilung. Der Sparer und Bauherr kann sich die gesamte Bausparsumme auszahlen lassen; das zugeteilte Darlehen erhält er zu einem günstigen Zinssatz.

Aktien und Aktienfonds
Über sein Kreditinstitut kauft der Anleger **Aktien** an der Aktienbörse zum aktuellen Kurswert. Damit erwirbt er Anteile an Aktiengesellschaften. Aktieninhaber haben ein höheres Risiko. Der Kurs richtet sich nach Angebot und Nachfrage, die Verzinsung (Dividende) nach der Geschäftsentwicklung der AG. Durch Anteile an **Aktienfonds** kann das Kursrisiko begrenzt werden.

Termingelder, Sparbriefe
Bei Termingeldern stellt der Sparer der Bank einen Geldbetrag für eine festgelegte Zeit zur Verfügung. Dieses „**Festgeld**" steht am Ende der Laufzeit mit den Zinsen dem Sparer wieder zur freien Verfügung. Das kurzfristige „Parken" von Geldern auf Festgeldkonten bringt mehr Zinsen als das Girokonto oder das Sparbuch.

Viele Kreditinstitute bieten ihren Kunden, die mit dem Ertrag auf dem normalen Sparbuch nicht zufrieden sind, die Risiken von Anleihen oder Aktien jedoch scheuen, Sparbriefe an. Der **Sparbrief** garantiert über die gesamte Laufzeit einen festen Zins. Erst nach Ende der Laufzeit kann der Sparer über sein Geld verfügen.

Nicht nur die Kreditinstitute, sondern auch der Staat bietet Sparern die Möglichkeit, Geld anzulegen. Um ihre Schulden finanzieren zu können, verkauft die Bundesrepublik Deutschland **Bundesschatzbriefe**. Die Laufzeit beträgt sechs oder sieben Jahre. Der Zinssatz steigt mit der Laufzeit. Ein Verkauf ist nach einem Jahr möglich.

Rentenpapiere
Der Geldanleger erwirbt über sein Kreditinstitut festverzinsliche Wertpapiere, z. B. Bundesanleihen, Pfandbriefe oder Obligationen. Das Kreditinstitut kauft für den Sparer die Rentenpapiere an der Wertpapierbörse. Die im Wertpapier verbriefte Geldschuld wird mit einem festen Zinssatz verzinst. Kauf und Verkauf der Wertpapiere sind jederzeit zum Tageskurs möglich.

Aktuelle Daten zu den Anlageformen erhalten Sie monatlich bei der Stiftung Warentest unter
www.finanztest.de

Vermögensbildung

1. Beurteilen Sie die verschiedenen Anlageformen nach den Anlagekriterien. Kreuzen Sie an.

Anlageform \ Anlagekriterien	Verfügbarkeit schnell	Verfügbarkeit später	Sicherheit hoch	Sicherheit niedrig	Betrag hoch	Betrag niedrig	Sparförderung
Sparbuch							
Aktien							
Aktienfond							
Termingeld							
Bausparen							
Sparbriefe							
Bundesschatzbriefe							
Beteiligungssparen							

Vermögenswirksame Leistungen sind freiwillige, meist tariflich geregelte Leistungen des Arbeitgebers. Zusätzlich fördert der Staat die Vermögensbildung für Arbeitnehmer.

Vermögensbildung für Arbeitnehmer
Staatliche Förderung gibt es für

- **Vermögenswirksame Leistungen** (z. B. Bausparen)
  bis zu 470 Euro pro Jahr
  ➤ 9 % Sparzulage (= 42,30 Euro)
  Einkommengrenzen (zu versteuerndes Jahreseinkommen):
  ➤ Ledige 17 900 Euro
  ➤ Verheiratete 35 800 Euro

- **Bausparen**
  bis zu 512 Euro pro Jahr;
  Verheiratete bis zu 1 024 Euro
  ➤ 8,8 % Wohnungsbauprämie (= 45,06 bzw. 90,11 Euro für Verheiratete)
  Einkommengrenzen:
  ➤ Ledige 25 600 Euro
  ➤ Verheiratete 51 200 Euro

- **Beteiligung an Produktivvermögen** (z. B. Fondssparen)
  bis zu 400 Euro pro Jahr
  ➤ 18 % Sparzulage* (= 72 Euro)
  Einkommengrenzen:
  ➤ Ledige 17 900 Euro
  ➤ Verheiratete 35 800 Euro

*neue Bundesländer letztmals 2004: 22 % (= 88 Euro)

Stand 2004

2. Monique ist verheiratet und hat ein zu versteuerndes Familieneinkommen in Höhe von 32.500 EUR. Sie will alle Möglichkeiten der staatlichen und tariflichen Förderung nutzen.
Deshalb hat Monique einen Bausparvertrag abgeschlossen, in den sie 600 EUR im Jahr einzahlt.
Ihr Arbeitgeber zahlt tariflich jeden Monat 13,30 EUR vermögenswirksame Leistungen auf den Bausparvertrag ein.
Zusätzlich zahlt Monique im Jahr 400 EUR in einen Aktienfonds ein, um die staatliche Sparzulage zu erhalten.
Tragen Sie alle Daten in der Tabelle zusammen und errechnen Sie die Sparleistung von Monique und die Höhe der staatlichen und tariflichen Förderung.

Sparform	Moniques Sparleistung	Prämien und Zulagen
Bausparvertrag		
Vermögenswirksame Leistungen		
Fondssparen		
Summen		

2.9 Der Weg in die Schuldenfalle

Verschuldung

Der Weg in die Schuldenfalle

Begonnen haben seine Probleme mit dem Geld, als er 18 Jahre alt war: Andreas Hilgart kaufte sich einen gebrauchten BMW für 5.500 Euro, finanziert von der BMW Bank. 1.000 Euro blieben ihm damals von seinem Lohn zum Leben, 105 Euro davon musste er monatlich an die Bank zurückzahlen. Das ging. Ein Jahr später träumte er von einem Motorrad. Die Maschine kostete 2.500 Euro, er nahm seinen Dispokredit in Anspruch. Das heißt, er konnte mit Erlaubnis der Bank sein Konto überziehen – zu sehr hohen Zinsen, doch das wusste er damals nicht. Auch diesen Kredit begann er sofort in Raten zurückzuzahlen, 50 Euro monatlich.

„Ich hatte eine günstige Wohnung, ich konnte mir das leisten. Es wäre gut gegangen." Wäre. Dann verliebte er sich und zog mit seiner Freundin zusammen. Das Paar genoss das Leben. Sie gingen viel aus, verreisten. „Meine Freundin war in der Ausbildung und verdiente nicht viel. Als ihr Dispokredit von 750 Euro ausgeschöpft war, habe ich eben bezahlt." Die Freundin machte den Führerschein, sie kauften Möbel und fünf Aquarien – sie sind Andreas Hilgarts Hobby. Er sprach mit seinem Vater über seine Ausgaben, damals traute er sich noch. Er hatte rund 10.000 Euro Schulden. Sein Vater riet ihm, alle Kredite über eine Bank laufen zu lassen. „Um den Überblick zu behalten."

175 Euro zahlte das Paar monatlich ab. Auch die neue Bank erlaubte ihnen, das Konto um 500 Euro zu überziehen. Sie machten sich keine Sorgen: Sie hatten sich dem Problem ja gestellt, sie verdienten beide Geld, die Höhe der Raten war überschaubar. Doch auch der Überziehungskredit war schnell verbraucht: weil sie heirateten, einen Kühlschrank und eine Waschmaschine kauften. Seine Frau beendete die Lehre, verdiente mehr Geld, die Bank erhöhte den Kreditrahmen, sie konnten jetzt 2.500 Euro Schulden machen. Die Bank fragte nicht ob sie das wollten. „Und wir haben es genommen", sagte er. Wenig später verlor seine Frau ihren Job und die Falle schnappte zu. Andreas verdiente nun alleine und versuchte zu sparen. Auch wenn er nicht genau wusste, wie. „In der Disko einen Cocktail weniger trinken? Das hätte den Braten auch nicht weniger fett gemacht." Daran, zum Beispiel sein Motorrad zu verkaufen, dachte er nicht. Er bat seine Frau, auf das Geld zu achten. Die aber wollte weiterhin mit ihren Freundinnen shoppen gehen und lieber bei Tengelmann als bei Aldi einkaufen.

Warum er weiter Geld ausgab, das er nicht hatte? Eine richtige Erklärung dafür hatte Andreas Hilgart nicht. „Ich war jung und ich war dumm. Ich dachte, ich habe einen Job, mir wird nichts passieren. Und es war schwer, weil meine Frau das Problem nicht sehen wollte." Nochmals wechselten sie die Bank. Die neue Bank, die das Paar trotz der damal bereits 12.500 Euro Schulden sofort nahm, räumte einen weiteren Kredit ein, 2.500 Euro. Knapp 300 Euro mussten sie monatlich abbezahlen – aber ihren Lebensstil änderten sie nicht.

■ 1. Markieren Sie im Text alle Ausgaben von Andreas.

■ 2. Wie finanziert Andreas seine Ausgaben?

■ 3. Welche Risiken haben Andreas und seine Frau nicht bedacht?

■ 4. a) Was rät der Vater von Andreas?

b) Warum befolgt Andreas diesen Ratschlag nicht?

■ 5. Wie beurteilen Sie den Lebensstil von Andreas und seiner Frau?

(Fortsetzung)

Der Weg in die Schuldenfalle

Als die Bank ihnen nichts mehr geben wollte, entdeckten sie eine Zeitungsanzeige „Sofortkredit günstig". Bei solchen Angeboten sind die Zinsen oft sehr hoch. Andreas hatte Glück, er geriet an ein Kreditinstitut, dessen Bedingungen moderat waren, und lieh sich 2.250 Euro. Sechs Monate später trennte er sich von seiner Frau. Kurz darauf wurde ihm gekündigt, weil seine Abteilung aufgelöst wurde. Die Wohnung konnte er sich nicht mehr leisten, er zog zu seiner Mutter. Seine Frau weigerte sich, ihren Anteil an den Kreditraten zu bezahlen, er hielt noch eine Weile durch, wollte dann aber nicht allein verantwortlich sein und stellte die Zahlungen ebenfalls ein. Er war am Ende. Er war 24 Jahre alt, hatte 20.000 Euro Schulden – und keinen Job.

Quelle: Landvolgt, Julia: Der Weg der Schuldenfalle, in: fluter – Magazin der Bundeszentrale für politische Bildung, 10. März 2004, S. 26 f. (Artikel gekürzt)

■ 1. Als Ausweg sieht Andreas einen „Sofortkredit". Welche Gefahren lauern hinter solchen Angeboten?

■ 2. Wie sieht das „bittere Ende" von Andreas aus?

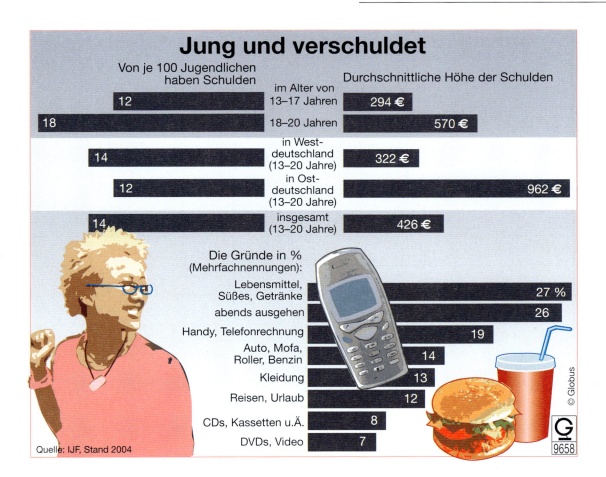

■ 3. Vergleichen Sie die Angaben in der Grafik mit der Verschuldung von Andreas.
a) Wo gibt es Übereinstimmungen?

b) Wo sehen Sie Unterschiede?

2.10 Per SMS in die Miesen

Schuldenfalle Handy

Handys machen das Geldausgeben zum Kinderspiel. Dabei verlieren immer mehr Jugendliche die Übersicht und tappen in die Schuldenfalle.

■ 1. Welchen Stellenwert hat für Sie Ihr Handy?

_____

_____

■ 2. Welche Handy-Dienste nehmen Sie vor allem in Anspruch?

_____

■ 3. Erstellen Sie eine Übersicht über Dienste und Kosten für die Handynutzung von verschiedenen Anbietern. Hierbei können Ihnen auch die folgenden Internetadressen helfen:
www.vz-nrw.de, www.billig-tarife.de, www.handytarifrechner.de

Anbieter	Dienst	Tarif/Kosten

■ 4. Formulieren Sie Tipps zur schuldenfreien Handynutzung.

_____

_____

_____

_____

_____

_____

_____

_____

2.11 Risiko-Check

Risiken vermeiden

Finanzielle Risiken erkannt – Finanzielle Risiken gebannt.

Risiko 1

Karte rein, Geld raus –
und ein Minus auf dem Konto?
Überziehungszinsen, Spesen, Kosten, erhöhte
Kontoführungsgebühren... Das Überziehen des
Kontos ist eine teure Geld-Pump-Möglichkeit
und eigentlich nur dafür gedacht, kurzfristig
finanzielle Engpässe zu überbrücken! Wenn du
über deine Verhältnisse lebst und mehr aus-
gibst als du einnimmst, führt dies zu einer
stetig steigenden Überziehung des Kontos. Ein
überzogenes Konto muss jedoch auch wieder
ausgeglichen werden. Denn ein ständiges
Minus am Konto kostet dich ziemlich viel! Zinsen von 8 bis 12 % werden dabei verrechnet,
zudem noch etwaige Kosten und erhöhte
Kontoführungsgebühren. Wenn du also dein
Konto mit durchschnittlich 700 Euro ein Jahr
überziehst, kostet dich das bei 10 % Zinsen
(quartalsmäßig kapitalisiert) 72,67 Euro ohne
etwaige Zusatzkosten!

■ 1. Formulieren Sie Tipps, wie das Risiko 1 vermieden werden kann.

_____

_____

_____

_____

_____

_____

_____

_____

_____

_____

_____

_____

_____

Risiko 2

„Shop ´til you drop" oder:
Mit einem Polster schläft es sich besser!
Ein kleines Geld-Polster auf der Seite zu haben,
bringt Entspannung! Erst wenn du etwa ein bis
drei Monatseinkommen auf einem täglich
fälligen Sparbuch hast, kannst du über
längerfristige Sparformen weiterdenken
(z. B. Bausparen).
Verlasse dich bei deinen Geld-Angelegenheiten
auf dich selbst und informiere dich bei den Ver-
braucherberatungsstellen. Für dein Geld-Polster brauchst du nicht den alten Schulbekann-
ten, der nun Finanzberater ist und dir
irgendwelche Verträge, die du nicht unbedingt
brauchst, aufschwatzen möchte.

2. Formulieren Sie Tipps, wie das Risiko 2 vermieden werden kann.

_____

_____

_____

_____

_____

_____

_____

_____

_____

Quelle: www.schuldnerberatung.at, Österreichische Bundesjugendvertretung, Praterstraße 70/13, 1020 Wien, Zugriff 15.09.2007

Risiko-Check | Risiken vermeiden

Finanzielle Risiken erkannt – Finanzielle Risiken gebannt.

Risiko 3
Handy, Leasing, Versicherung & Co.
Wie schauen deine „Bindungen" aus?
Versicherungen, Handyverträge, Fitnesscenter, Abos von Zeitungen, Mitgliedsbeiträge bei Vereinen etc. Mit all diesen Firmen gehst du eine Beziehung für eine bestimmte Zeit ein. Wird ein Großteil deiner monatlichen Einnahmen durch diese fixen Kosten von Verträgen verplant, ist ein flexibeler Umgang mit deinem Geld nahezu unmöglich. Stehen dir dann noch außerordentliche Reparaturen ins Haus, wird's eng.

■ 1. Formulieren Sie Tipps, wie das Risiko 3 vermieden werden kann.

Risiko 4
Behalte den Überblick:
Dein „Think-Check-Plan"
Behalte einen Überblick über deine Finanzen! Zuerst überlegen und nachdenken:
Was brauche ich, was will ich und was kann ich mir leisten? Jede/r von uns hat individuelle finanzielle Voraussetzungen. Wenn sich dein/e Freund/in etwas Tolles kaufen kann, heißt das noch lange nicht, dass das bei dir auch möglich ist.

■ 2. Formulieren Sie Tipps, wie das Risiko 4 vermieden werden kann.

Risiko 5
Leben auf Raten:
Vorher haben – nachher teuer zahlen …
Kredite sind für viele große Investitionen wie z. B. für Immobilien notwendig. Damit man seine Konsumwünsche auch sofort erfüllen kann, verkaufen Banken und Handelsfirmen auch Konsumkredite, Ratenzahlungen, Versandhauskredite oder Leasingverträge. Jeder Konsum auf Kredit/Leasing ist eigentliche eine Vorauszahlung deiner zukünftigen Einnahmen (= Arbeitsleistung), oft über mehrere Jahre, Achtung: Kredite und Leasingverträge sind mit hohen Zins- und Spesenbelastungen verbunden!

■ 3. Formulieren Sie Tipps, wie das Risiko 5 vermieden werden kann.

■ 4. Erstellen Sie mit Ihren Tipps ein Risiko-Check-Plakat, mit dem Sie junge Leute ansprechen wollen.

Der Weg aus der Schuldenfalle **I** Schuldnerberatung

2.12 Der Weg aus der Schuldenfalle

Schuldnerberatung

Der Weg aus der Schuldenfalle

Stephanie rettete ihn. Andreas lernte sie über Freunde kennen – die keine Ahnung hatten, wie groß seine Probleme waren. Stephanie und er wurden ein Paar. „Ich habe mich monatelang nicht getraut, ihr von den Schulden zu erzählen. Ich war mir sicher, so einen wie mich, den will sie nicht." Mittlerweile hatte er über das Arbeitsamt einen Job gefunden, lebte in Scheidung: Sein Selbstbewusstsein wuchs, er traute sich zu reden. Und Stephanie griff ein. Sie überredete ihn, Hilfe anzunehmen, vereinbarte einen Termin bei der Schuldnerberatung. Die handelte einen Deal aus: Sechs Jahre lang zahlte Andreas 200 Euro monatlich zurück, was nach dieser Zeit nicht getilgt ist, erlassen ihm die Gläubiger. Andreas' Exfrau hat private Insolvenz angemeldet, das bedeutet: Bei ihr ist nicht zu holen. Andreas und Stephanie wissen, dass diese sechs Jahre hart werden. Andreas trägt von vier bis halb sechs Zeitungen aus, als Nebenjob. Um acht beginnt seine eigentliche Arbeit als Automechaniker, um halb sechs abends ist er wieder zu Hause. So bleiben ihm 1.150 Euro im Monat – nach Abzug der monatlichen Rate von 200 Euro. Davon muss er Miete, Versicherung und Strom bezahlen. Die Einkäufe, ein neues Paar Schuhe, Kleidung für den Sohn, zahlt Stephanie vom Erziehungsgeld und ihrem Job bei Media Markt. Was passiert, wenn die sechs Jahre um sind? „Ich werde sparen, Geld für unsere Zukunft zurücklegen. Und nie wieder ein Konto mit einem Dispokredit haben", sagt Andreas. Und lächelt zum ersten Mal.

Quelle: Landvolgt, Julia: Der Weg der Schuldenfalle, in: fluter – Magazin der Bundeszentrale für politische Bildung, 10. März 2004, S. 26 f. (Artikel gekürzt)

■ **1. „Stephanie rettete ihn." Wie hilft sie Andreas aus der Schuldenfalle?**

_____

_____

_____

■ **2. Durch welche Maßnahmen kommt Andreas aus der Schuldenfalle?**

_____

_____

_____

_____

_____

■ **3. Welchen Weg geht Andreas' Exfrau aus der Schuldenfalle?**

_____

_____

Die meisten Verbraucherzentralen und -beratungsstellen bieten Schuldenberatung an. Adressen von regionalen Schuldnerberatungsstellen finden sich beim Verein Schuldnerhilfe Essen e.V. unter:
www.vse-essen.de

Weitere Informationen finden Sie unter:

www.verbraucherzentrale.com
www.schulden-online.de
www.forum-schuldnerberatung.de
www.bag-schuldnerberatung.de
www.skm-schuldnerberatung.de

Reicht das monatliche Einkommen dauerhaft nicht aus, die laufenden Lebenshaltungskosten sowie fällige Raten und Rechnungen zu bezahlen, ist eine **Überschuldung** eingetreten. Drückt die Schuldenlast, ist es wichtig, sich professionelle Hilfe zu suchen – je früher, desto besser.

Kann der Schuldenberg nicht mehr abgetragen werden, so bietet das seit 1999 geltende **Verbraucherinsolvenzverfahren** eine zusätzliche Entschuldungsmöglichkeit. Insolvenz bedeutet, dass der Schuldner zahlungsunfähig ist.

Verbraucherinsolvenz

Um die Schulden loszuwerden, muss der Schuldner ein langwieriges Verfahren durchlaufen, das in den folgenden Stufen zu einem echten finanziellen Neuanfang führen soll.

Die Verbraucherinsolvenz läuft folgendermaßen ab:

- Zunächst muss der Schuldner versuchen, sich mit seinen Gläubigern außergerichtlich zu einigen und zum Beispiel eine Ratenzahlung, Stundung oder einen Teilerlass herauszuhandeln. Dieser Einigungsversuch – idealerweise mit Unterstützung einer Schuldnerberatungsstelle – ist die Voraussetzung für eine spätere gerichtliche Einigung.

- Wird der Schuldner sich mit seinen Gläubigern nicht einig, kann er beim Amtsgericht einen Antrag auf Eröffnung eines Verbraucherinsolvenzverfahrens stellen. Hierbei beantragt er auch die Restschuldbefreiung.

- Auch das Gericht versucht nun erst einmal, eine Einigung mit den Gläubigern zu erreichen. Klappt das nicht, kommt das Verfahren in Gang: Der Richter setzt einen Insolvenzverwalter ein. Dieser verteilt in den folgenden Jahren das Vermögen des Schuldners auf die Gläubiger.

- Mit dessen Einsetzung beginnt die sogenannte „Wohlverhaltensphase". Sie dauert sechs Jahre. Ein Teil des Gehalts – auch pfändbarer Teil genannt – wird in diesen sechs Jahren vom Arbeitgeber oder Arbeitsamt direkt auf ein Treuhänderkonto abgeführt. Erbt der Schuldner in dieser Zeit etwas, muss er davon die Hälfte abführen.

- Sind die sechs Jahre vergangen, erlässt das Gericht die Restschulden. Die Gläubiger müssen auf noch ausstehende Beträge verzichten.

- Wichtig: Während dieser Wohlverhaltensphase hat der Schuldner einige Pflichten. Vernachlässigt er diese, gibt es keine Restschuldbefreiung. Der Schuldner darf geerbtes Vermögen nicht verschweigen, muss jede zumutbare Arbeit annehmen, wenn er arbeitslos ist, und natürlich Arbeitsplatz- und Wohnortwechsel angeben.

Quelle: www.br-online.de (22.10.04)

■ **1. Bis zu welcher Stufe ist Andreas (vgl. S. 37) auf seinem Entschuldungsweg gegangen?**

■ **2. Wie läuft die Entschuldung bei Andreas' Exfrau ab?**

3 Zahlungsverkehr

3.1 Ein Girokonto einrichten

Kontoeröffnung

Recht auf's Girokonto

Ein Leben ohne Konto? Fast unvorstellbar: Wohin mit der Miete? Wo landen Gehälter, Kindergeld, etc.? Bei Verbraucherschützern und Schuldnerberatungen häufen sich derzeit die Klagen über Banken, die besonders „unliebsamen" Kunden das Konto kündigen. Betroffen sind dabei jene Menschen, die bereits eine negative Schufa-Eintragung haben, sich auf ihrem Girokonto ständig im Minus befinden, diejenigen, denen von vornherein ein Dispositionskredit verweigert wird, weil sie bereits in die „Schuldenfalle" getappt sind und einen überschuldeten Haushalt führen (insgesamt gibt es derzeit in der Bundesrepublik 2,8 Millionen überschuldete Haushalte). Ein Grundrecht auf ein eigenes Konto gibt es in Deutschland nicht. Noch nicht, denn das ist die neue Forderung von Verbraucherschützern, angesichts der aktuellen Zahlen!

Mit der sogenannten „Freiwilligen Selbstverpflichtung" erklären sich alle Banken, die im Zentralen Kreditausschuss zusammengeschlossen sind, dazu bereit, ein „Girokonto für Jedermann" einzurichten.

Alle Kreditinstitute, die Girokonten für alle Bevölkerungsgruppen führen, halten für jede/n Bürgerin/Bürger in ihrem jeweiligen Geschäftsgebiet auf Wunsch ein Girokonto bereit. Der Kunde erhält dadurch die Möglichkeit zur Entgegennahme von Gutschriften, zu Barein- und -auszahlungen und zur Teilnahme am Überweisungsverkehr. Überziehungen braucht das Kreditinstitut nicht zuzulassen. Jedem Institut ist es freigestellt, darüber hinausgehende Bankdienstleistungen anzubieten.

Sparkassen unterliegen sogar dem weitergehenden „Kontrahierungszwang", d. h. sie müssen jedem Bürger aus dem eigenen „Gewährleistungsgebiet" (Regionalprinzip) das Führen eines Guthabenkontos ermöglichen. Gerät ein solches Konto dann in ein Minus, kann und darf dem Kunden relativ schnell gekündigt werden.

Quelle: Anne Siegel, www.wdr.de/tv/ardrecht/sendungen/2003/september/030928_05.phtml, Zugriff 15.09.2007

■ 1. Warum ist ein Leben ohne Girokonto nicht vorstellbar?

Schufa
„Schutzgemeinschaft für allgemeine Kreditsicherung"
Die Schufa liefert den Banken und Sparkassen Daten zu Krediten und Zahlungsverhalten der Kunden.

■ 2. Welche Dienste müssen mit dem Girokonto möglich sein, welche nicht?

Um ein Girokonto zu eröffnen, muss man zu einer Bank oder Sparkasse gehen. Wer noch keine 18 Jahre alt ist, benötigt die Zustimmung der Erziehungsberechtigten.

Wird ein Ausbildungsvertrag abgeschlossen und haben die Eltern dort mit Unterzeichnung des gebräuchlichen Vertragsvordrucks bereits eine entsprechende Ermächtigung zur Kontoeröffnung gegeben, ist eine separate Zustimmung bei der Bank nicht mehr erforderlich.

In der Filiale der Bank gibt es dann ein Antragsformular für die Eröffnung eines Girokontos, in dem die nachfolgenden persönlichen Angaben eingetragen werden.

40   **Ein Girokonto einrichten** ❙ Kontoeröffnung

Zur Eröffnung eines Girokontos muss folgendes Antragsformular ausgefüllt werden:

Interne Angaben der Bank/Ablagehinweise

Kontoform[1] (z.B. Sparkonto)	Angabe nach § 8 GwG[2]: Konto-Depotführung für folgende Rechnung	Konto-/Depot-Nr.	Konto-/ Depot- Währung
1	☐ eigene ☐ fremde[3]		
2	☐ eigene ☐ fremde[3]		
3	☐ eigene ☐ fremde[3]		
4	☐ eigene ☐ fremde[3]		
5	☐ eigene ☐ fremde[3]		
Gegebenenfalls Zusatzbezeichnung			

Eröffnung von Konten/Depots

Hiermit beantrage ich die Eröffnung von Konten/Depots zu nachfolgenden Vereinbarungen:

Name, Vorname (auch Geburtsname)	
Anschrift	

Beruf/Branche		Staatsangeh., Familienstand	
Geburtsdatum, Geburtsort		Telefon-Nr.	

Übermittlungs- form der Konto- auszüge	☐ **Kontoauszugsdrucker** ☐ **Abholung** **Zusendung** der Auszüge ☐ tägl. ☐ wöchentl. ☐ monatl. ☐ Sonstiges:	Postanschrift (falls abweichend von obiger Anschrift)	
		Konto-/Depot-Währung (abweichende Vereinbarung für einzelne Konten/Depots möglich)	

1. Kontokorrentabrede, Rechnungsperiode

Die Konten werden in laufender Rechnung geführt (Kontokorrentkonto), sofern nicht eine abweichende Regelung besteht. Bei einem Kontokorrentkonto erteilt die Bank jeweils zum Ende eines Kalenderquartals einen Rechnungsabschluss, sofern nachstehend keine abweichende Rechnungsperiode angegeben ist:

Abweichende Rechnungsperiode	

Die Rechtswirkungen eines Rechnungsabschlusses sowie die Pflicht, dessen Inhalt zu prüfen und gegebenenfalls Einwendungen zu erheben, sind in Nr. 7 der Allgemeinen Geschäftsbedingungen geregelt.

2. Einwilligung zur Übermittlung von Daten an die SCHUFA (gilt nur für Kontokorrentkonten)

Ich willige ein, dass die Bank der SCHUFA Holding AG, Hagenauer Straße 44, 65203 Wiesbaden, Daten über die Beantragung, die Aufnahme und Beendigung dieser Kontoverbindung übermittelt.

© 2002 Bank-Verlag Köln 40.220 (06/02)

Ort, Datum, Unterschrift (= Unterschriftsprobe)	

[1] Angabe, falls sich aus der Konto-/ Depotnummer die Kontoform nicht erkennen lässt.   [2] Gesetz über das Aufspüren von Gewinnen aus schweren Straftaten (Geldwäschegesetz).   [3] Name und Anschrift desjenigen, für dessen Rechnung das Konto/Depot geführt wird, sind auf dem dafür vorgesehenen separaten Vordruck (41.570) aufzuzeichnen.

Legitimation des Kontoinhabers

Ausweis (Art des Dokuments, Nr., aus- gestellt von, am)		anderweitige Form der Legitimation		☐ durch PostIdent
Zusätzliche Bear- beitungshinweise				
Datum, Unterschrift des Sachbearbeiters				

Sonstige Bearbeitungshinweise zum Konto/Depot

☐ Neueröffnung ☐ Änderung	Kündigungsfrist bei Spareinlagen

3.2 Ein Girokonto eröffnen und Auszüge kontrollieren

Kontoauszug

- 1. Füllen Sie den Antrag zur Eröffnung eines Kontos aus.
- 2. Warum müssen Sie und ggf. die Erziehungsberechtigten „zur Probe unterschreiben"?

_____

_____

- 3. Warum und wie ist eine Legitimation des Kontoinhabers erforderlich?

_____

_____

Manuela Nebel will sich mithilfe Ihres letzten Kontoauszugs über die Geldbewegungen auf ihrem Girokonto informieren.

- 1. Worüber gibt der Kontoauszug Auskunft? Beantworten Sie die folgenden Fragen.
Was bedeuten

a) S = Soll? _____

b) H = Haben? _____

c) alter Saldo? _____

d) neuer Saldo? _____

Als **Kontoführungsgebühr** bezeichnet man die Grundgebühr für Girokonten. Meist besteht sie aus einer monatlich fälligen Pauschale.
Bei einigen Girokonten fällt sie jedoch ab einem gewissen monatlichen Gehaltseingang weg. Bei anderen Konten reduziert sie sich ab einem bestimmten durchschnittlichen monatlichen Guthaben. Schüler, Studenten, Auszubildende, Wehr- und Zivildienstleistende sind von der Kontoführungsgebühr häufig befreit.

3.3 Bar oder mit Karte?

Zahlungsarten

Zahlen kann man entweder bar, halbbar oder bargeldlos.

Barzahlungen sind zumeist im Alltag dann üblich, wenn die Beträge nicht sehr hoch sind, z. B. beim Einkaufen im Einzelhandel. Der Schuldner zahlt dem Gläubiger mit Münzen oder Banknoten. Beide benötigen für diesen Zahlungsvorgang kein Konto. Als Zahlungsbeleg dienen Quittung oder Kassenbon.
Eine Barzahlung kann auch über die Deutsche Post AG mit Express-Brief oder per Postbank-Minuten-Service erfolgen.

Bei der **halbbaren Zahlung** benötigt entweder der Absender oder der Empfänger ein Girokonto. Halbbar heißt, dass der Zahlungsvorgang zur Hälfte bar und zur anderen Hälfte bargeldlos erfolgt.
Bareinzahlungen durch den Absender sind mithilfe eines Zahlscheins möglich. Bei der Bank, Sparkasse oder Postbank kann so auf das Konto des Empfängers der Betrag bar eingezahlt werden. Der Empfänger erhält den Betrag auf seinem Girokonto gutgeschrieben.
Der Absender kann dem Empfänger einen Barscheck ausstellen. Dazu braucht der Absender ein Girokonto. Der Empfänger legt den Scheck beim Kreditinstitut des Absenders vor und erhält den Betrag bar ausgezahlt.

Bei der **bargeldlosen Zahlung** benötigen Absender und Empfänger ein Girokonto. Die Zahlung erfolgt durch Gutschrift bzw. Lastschrift auf den Konten. Typische Formen der bargeldlosen Zahlung sind die Überweisung oder der Verrechnungsscheck sowie die Zahlungen mit Kredit- oder Geldkarte.

■ 1. Ordnen Sie die im Informationstext angeführten Zahlungsmöglichkeiten den Zahlungsarten zu.

Zahlungsarten	Konto benötigt Zahlender	Empfänger	Zahlungsmöglichkeiten
Barzahlung	nein	nein	
Halbbare Zahlung	ja	nein	
	nein	ja	
Bargeldlose Zahlung	ja	ja	

3.4 Cash bezahlen

Barzahlung

Fabian Scherer verkauft seinen Motorroller XX-300 an Alena Nebel für 720,- EUR. Alena bezahlt bar und verlangt von Fabian eine Quittung.

■ **1. Füllen Sie den Quittungsvordruck aus.**

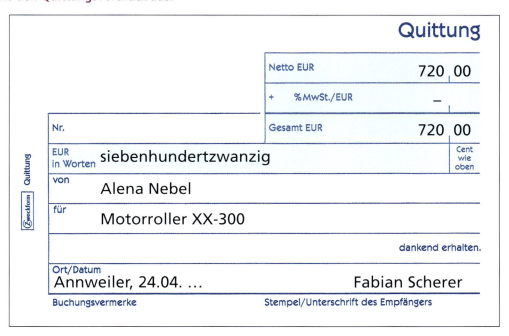

Beim **Minuten-Service** über die Postbank muss der Absender ein Formular ausfüllen und bei der Postbank den Betrag bar einzahlen. Innerhalb weniger Minuten ist das Geld im Ausland in einer Western Union Agentur zugänglich. Die Auszahlung erfolgt an den Empfänger in Bargeld, meist in der entsprechenden Landeswährung.
Gesichert ist der Transfer durch zwei Komponenten: Erstens muss sich der Empfänger vor Ort entsprechend ausweisen und zweitens erhält der Sender eine sogenannte Geldtransferkontrollnummer. Diese ist zwar nicht zwingend notwendig für die Auszahlung, bietet jedoch zusätzlichen Schutz, wenn sie vorher dem Empfänger mitgeteilt worden ist.

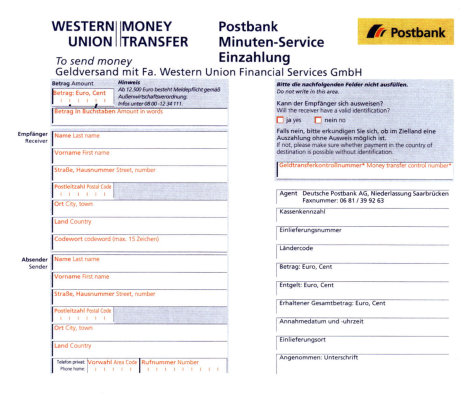

3.5 Electronic-Cash

Bankkarte

Das Zahlen mit Karte boomt. Immer mehr Verbraucher nutzen diese bargeldlose Zahlungsmöglichkeit. Grundsätzlich lassen sich drei Kartenarten unterscheiden:
- Kreditkarte
- Kundenkarte
- Maestro-Karte (ec-Karte)

Kreditkarten (z. B. MasterCard, VisaCard) können bei einer Kreditkartenorganisation beantragt werden. Kreditwürdige Kunden erhalten gegen eine Jahresgebühr eine Karte ausgestellt. Mit dieser Karte und seiner Unterschrift kann der Karteninhaber bei Vertragsunternehmen bargeldlos bezahlen. Viele Geschäfte, Hotels oder Fluglinien akzeptieren Kreditkarten als Zahlungsmittel.

Viele Kreditkartenorganisationen bieten mit der Karte weitere Leistungen an, z. B. Bargeldbeschaffung, Versicherungsleistungen und Rabatte.

Die **Maestro-Karte (ec-Karte)** ermöglicht das bargeldlose Zahlen, Bargeldbeschaffung und die Nutzung von Geldautomaten. Außerdem kann mit der Maestro-Karte die Bezahlung direkt über die Einkaufskasse erfolgen. Hierbei gibt es zwei Möglichkeiten.

Beim POS-Verfahren wird an den sogenannten Point-of-Sale-Kassen (POS) die Karte eingegeben. Die Daten werden aus dem Magnetstreifen der Karte gelesen. Anschließend muss der Karteninhaber seine Geheimnummer (PIN) in das Kartenlesegerät eingeben. Die Abbuchung erfolgt direkt auf elektronischem Weg.

So funktioniert eine Transaktion

1 **Transaktion:** Das Kartenlesegerät wählt automatisch die Bank des Vertragsunternehmens an, sobald die Karte hindurchgezogen wird.

2 **Bank des Vertragsunternehmens:** Sendet Informationen in das VisaNet und fordert Autorisierung und Zahlung an.

3 **Zentrales Rechenzentrum:** Prüft, ob Karte echt und gültig ist. Kontrolliert PIN-Nummer, falls sie eingesetzt wurde. Fordert Autorisierung durch Bank des Karteninhabers an.

4 **Bank des Karteninhabers:** Stellt sicher, dass der Verfügungsrahmen nicht überschritten wird und autorisiert die Transaktion. Sie zahlt an die Bank des Einzelhändlers und stellt dem Karteninhaber eine Rechnung.

5 **Zentrales Rechenzentrum:** Sendet Autorisierungsdetails und Zahlung zur Bank des Vertragsunternehmens. Führt Währungsumrechnungen aus.

6 **Bank des Vertragsunternehmens:** Sendet Autorisierungsantwort zum Vertragsunternehmen und schreibt den Betrag seinem Konto gut.

7 **Transaktion abgeschlossen:** Vertragsunternehmen erhält Autorisierung. Kunde unterschreibt Zahlungsbeleg. Unterschrift wird kontrolliert und der Kauf ist abgeschlossen. Am Ende jedes Tages werden die genehmigten Käufe von der Bank des Vertragsunternehmens zum VisaNet gesendet.

Eine andere Möglichkeit ist das sogenannte POZ-Verfahren. Dabei wird die Karte ebenfalls an der Kasse eingelesen, jedoch keine PIN eingegeben. Der Kunde unterschreibt den Kassenbeleg und gibt damit sein Einverständnis, dass der Betrag von seinem Konto per Lastschrift eingezogen wird.

Durch den integrierten Multifunktionschip wird die Maestro-Karte zur **Geldkarte**. Mit ihr ist es möglich, an Terminals der Kreditinstitute Geldbeträge auf die Karte zu laden. Beim Bezahlen an der Kasse wird der Betrag von der Geldkarte abgebucht, ohne einen PIN-Code eingeben zu müssen. Dies bedeutet allerdings auch, dass bei Verlust der Karte der gespeicherte Geldbetrag verloren ist.

Bank- und Kreditkarte

Um die Maestro-Karte zu bekommen, muss man geschäftsfähig und damit mindestens 18 Jahre alt sein sowie über ein regelmäßiges Einkommen verfügen. Die Kundenkarte erhält man mit Zustimmung der Erziehungsberechtigten schon früher. Mit dieser Karte sind nur Auszahlungen vom Girokonto am Geldautomaten möglich, der Kontostand kann abgefragt und die Kontoauszüge gedruckt werden.

■ 1. Erläutern Sie die Bedeutung der abgebildeten Symbole.

■ 2. Was sollten Sie beachten, wenn Sie mit Karte über das Kartenlesegerät zahlen?

Notrufnummer bei Karten- und Handyverlust
Seit Sommer 2005 gibt es eine einheitliche Notrufnummer, unter der verlorene Handys und Kreditkarten gesperrt werden können. Diese Nummer lautet: **116 116**.

3.6 Rechnungen begleichen

Bareinzahlung und Nachnahme

Herr Martin ist in Bad Bergzabern für vier Wochen zur Kur. Im Handschuhfach seines Autos findet er eine Rechnung der Autowerkstatt über die letzte Inspektion. Die Rechnung ist noch nicht bezahlt. Herr Martin hat zwar am Kurort kein Konto, dennoch kann er mithilfe des Zahlscheins seine Rechnung noch rechtzeitig begleichen.

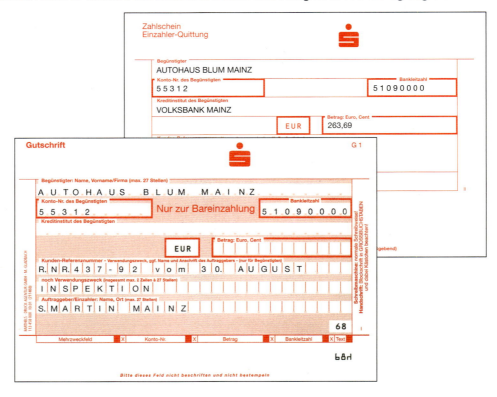

■ 1. Wie kann Herr Martin nachweisen, dass er die Rechnung bezahlt hat?

___

■ 2. Warum muss Herr Martin den Zahlschein nicht unterschreiben?

___

Bei den Kreditinstituten besteht die Möglichkeit, mit einem **Zahlschein** (Bareinzahlung, Gutschrift) einen Geldbetrag auf ein anderes Konto einzuzahlen. Dazu benötigt der Absender selbst kein Konto. Da die meisten über ein Girokonto verfügen, werden Zahlscheine nur in Ausnahmefällen benutzt, zumal die Gebühren höher sind als bei Überweisungen. Deshalb können z. B. Vordrucke von Hilfsorganisationen sowohl als Zahlschein als auch als Überweisung benutzt werden.

Eine besondere Form der halbbaren Zahlung ist die **Nachnahme**. Die Post händigt einen Brief, ein Päckchen oder ein Paket nur dann aus, wenn der Empfänger den Nachnahmebetrag bar zahlt. Dieser Nachnahmebetrag setzt sich zusammen aus dem Rechnungsbetrag und den Gebühren für die Nachnahme. Die Lieferung per Nachnahme (Höchstbetrag 3.500 EUR) garantiert dem Absender, dass die Ware nur gegen Bezahlung ausgeliefert wird.

■ 3. Ein Online-Shop wirbt im Internet mit der abgebildeten Anzeige. Auf welche Vorteile setzt der Anbieter?

___

___

> „Du möchtest gerne in einem Online-Shop einkaufen, aber nur, wenn dieser auch per Nachnahme liefert?
>
> **Dann bist du hier richtig!"**

3.7 Geld überweisen

Überweisung

Gabriele Streit hat beim Versandhaus MODENA aus Düsseldorf Kleider bestellt. Die Lieferung ist heute erfolgt. Ihr ist die Rechnung Nr. 430-05 (Kd-Nr. 75-883) über den Betrag von 375,30 EUR beigefügt, mit der Aufforderung, den Betrag auf das Konto Nr. 789 200 12 bei der Dresdner Bank Düsseldorf (BLZ 230 340 12) zu überweisen.

■ 1. Tätigen Sie für Gabriele die Überweisung; ihre Kontonummer lautet 200 280 544.

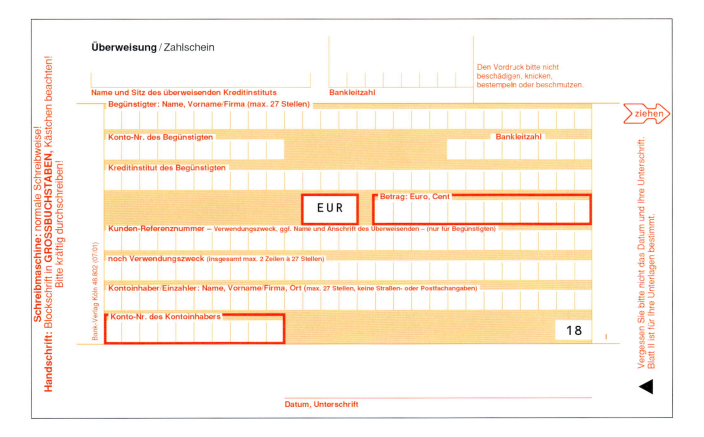

Überweisungen sind beim bargeldlosen Zahlungsverkehr die am meisten verwendete Zahlungsform. Die Zahlung ist einfach und bequem mithilfe der Überweisungsformulare oder am Überweisungsterminal vorzunehmen. Während das Girokonto des Absenders belastet wird, erhält das Konto des Empfängers eine Gutschrift. Dabei wird kein Bargeld bewegt, sondern nur über die Girozentrale der Banken eine Buchung durchgeführt.
Vielen Rechnungen sind bereits ausgefüllte Überweisungsvordrucke beigefügt. Der Kunde muss nur noch seine Kontonummer und Bankverbindung eintragen und unterschreiben. Bei vielen Terminals besteht die Möglichkeit, den Überweisungsvordruck einzulesen.

Eine besondere Form der Überweisung sind Dauerauftrag und Lastschriftverfahren. Sie erleichtern dem Gläubiger und Schuldner den Zahlungsverkehr. Der Schuldner spart sich den Gang zu seinem Kreditinstitut und verhindert, dass fällige Zahlungen vergessen werden. So können Mahngebühren und Versäumniszuschläge vermieden werden.

Beim **Dauerauftrag** gibt der Kontoinhaber seiner Bank den Auftrag, zu bestimmten Terminen einen bestimmten Betrag auf ein anderes Konto zu überweisen.

Bei wiederkehrenden Zahlungen, die aber immer andere Beträge aufweisen, bietet sich die Möglichkeit des **Lastschriftverfahrens** an. Dabei erteilt der Schuldner dem Gläubiger eine **Einzugsermächtigung**. Der Gläubiger wird so ermächtigt, bis auf Widerruf vom Girokonto des Schuldners die fälligen Beträge abbuchen zulassen. Bei irrtümlichen Abbuchungen kann der Schuldner innerhalb von sechs Wochen bei seinem Kreditinstitut Widerspruch einlegen und Zahlungen rückgängig machen.

3.8 Einen Scheck einlösen

Verrechnungsscheck

Herr Lambert hat Post von seiner Kfz-Versicherung erhalten. In dem Schreiben wird ihm mitgeteilt, dass er wegen des unfallfreien Versicherungsjahres eine Beitragsrückerstattung erhält. Als Anlage ist folgender Scheck beigefügt.

■ **1. Was bedeutet die Aufschrift „Nur zur Verrechnung"?**

■ **2. Wie und wo kann Herr Lambert den Scheck einlösen?**

Ein Scheck ist eine schriftliche Anweisung an das Kreditinstitut des Ausstellers, den ausgewiesenen Betrag an den Überbringer auszuzahlen. Durch die Aufschrift „Nur zur Verrechnung" oder durch zwei Querstriche am linken oberen Rand wird ein Barscheck zum Verrechnungsscheck.

Verrechnungsschecks gelten als besonders sicheres Zahlungsmittel. Sie werden nicht bar ausgezahlt, sondern als Gutschrift auf das Konto gebucht.
In vielen Fällen muss sich der Überbringer durch seine Unterschrift auf der Rückseite als berechtigter Inhaber ausweisen; dieser Vorgang wird als „girieren" bezeichnet.

■ **3. Entscheiden Sie, welche Zahlungsmöglichkeiten sinnvoll sind. Kreuzen Sie an.**

	Dauerauftrag	Lastschrift
Zeitschriftenabonnement		
Telefongebühren fürs Handy		
Miete		
Kfz-Haftpflicht		
Mitgliedsbeitrag im Sportverein		
Rundfunk- und Fernsehgebühren an die GEZ		

3.9 Das ultimative Kreuzworträtsel zum Zahlungsverkehr

Lösen Sie das Kreuzworträtsel „Rund um den Zahlungsverkehr". Die markierten Felder ergeben von oben nach unten gelesen ein wichtiges Formular im bargeldlosen Zahlungsverkehr.

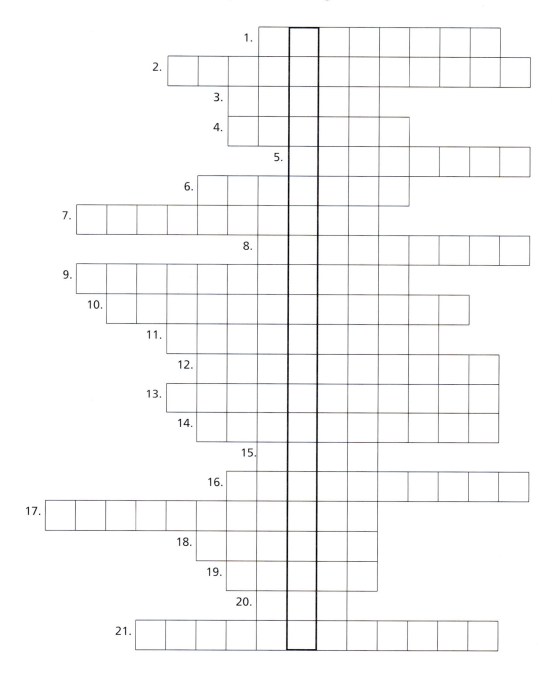

1. Beleg für erfolgte Zahlung
2. Bargeldüberweisung durch Postbank
3. Plus auf dem Kontoauszug
4. Geld bei der Bank aufnehmen
5. Muss bezahlt werden
6. Pass
7. Bareinzahlung mit ...
8. Konto, das jeder braucht
9. Darauf werden alle Zahlungsvorgänge ausgewiesen
10. Für regelmäßige Überweisungen durch die Bank
11. Barzahlung bei Lieferung durch die Post
12. Zahlung ohne Geld
13. Für unregelmäßige Überweisungen durch die Bank
14. Der das Geld erhält
15. Minus auf dem Kontoauszug
16. Mit Münzen und Banknoten bezahlen
17. Hier kann man Geld abheben
18. Prüft die Kreditwürdigkeit
19. Kontostand
20. Abk. für Transaktionsnummer
21. Frühere EC-Karte

3.10 Bankgeschäfte per Computer

Online-Banking

Electronic Banking

Mittels Electronic Banking können Bank- und Sparkassenkunden direkt von Zuhause aus auf ihre Konten zugreifen. Die wichtigsten Vorteile sind die Unabhängigkeit von Öffnungszeiten, die permanente Verfügbarkeit sowie die Möglichkeit, Wertpapiergeschäfte zu tätigen. Um Missbrauch zu vermeiden, muss sich der Kunde bei der Anmeldung duch eine PIN (Persönliche Identifikationsnummer) und bei Erteilung eines Auftrags zusätzlich durch eine TAN (Transaktionsnummer) legitimieren.

Quelle: www.sparkasse-suew.de/fbdf9614a38e731d/indexhtm, Zugriff 15.09.2007

Pishing – eine zunehmende Gefahr für das Online-Banking

Die organisierte Kriminalität beim Online-Banking nimmt zu, insbesondere sogenannte „Pishing" oder „Phishing"-Aktivitäten. Der Trick: Über gefälschte E-Mails gibt der Anwender seine vertraulichen Daten ein. Der Einsatz von Java-Scripts auf Webseiten führt dazu, dass Routinen unbemerkt auf dem PC des Anwenders installiert werden, die gezielt solche Daten sammeln und versenden.

■ **1. Welche Vorteile bietet Online-Banking?**

___

___

___

___

■ **2. Welche Risiken sind mit dem Online-Banking verbunden?**

___

___

___

___

■ **3. Informieren Sie sich im Internet über Sicherheitstipps beim Online-Banking (z. B. beim Bundesverband Deutscher Banken www.bdb.de). Fertigen Sie ein Plakat „Die 10 Gebote für sicheres Online-Banking" an.**

Gehen Sie auf die Internetseite der Sparkasse Jena: **www.s-jena.de**
Unter dem Namen Max Mustermann können Sie dort das Online-Banking trainieren.

■ **4. Gehen Sie unter Online-Banking auf „Demo-Konto".**

■ **5. Eröffnen Sie ein Konto, indem Sie die Zugangsdaten eingeben:**
Konto-Nr.: 1234567890
PIN: 12345

Ihre TAN lautet: 111111.

Online-Banking mithilfe der Internetseite www.s-jena.de

1. Was bedeutet die Abkürzung PIN?

_____

_____

2. Wozu dient die PIN?

_____

_____

3. Rufen Sie die Seite „Sicherheit" auf. Ändern Sie Ihre PIN.

4. Welche Aufgabe hat die TAN?

_____

_____

_____

5. Erläutern Sie unter Ihrem Finanzstatus zu den verschiedenen Kontobezeichnungen den jeweiligen Verwendungszweck.

Kontobezeichnung	Verwendungszweck
Privatgirokonto	
Sparbrief, Rücklagen	
Termingeldkonto	
Darlehenskonto	
Depotkonto	

6. Rufen Sie das Privatgirokonto 1234567890 auf.

a) Wie hoch ist Ihr Kontostand?

_____ EUR

b) Welcher Dispokredit wird Ihnen eingeräumt?

_____ EUR

7. Informieren Sie sich über die Umsätze der letzten 30 Tage.

a) Wie hoch war Ihr alter Saldo?

_____ EUR

b) Wie hoch ist Ihr neuer Saldo?

_____ EUR

Bankgeschäfte per Computer I Online-Banking

Online-Banking mithilfe der Internetseite www.s-jena.de

Foto-Wilhelm Hamburg

Foto-Wilhelm, Fasanenstr. 32, 22145 Hamburg

Herrn
Stefan Gleich
Westring 34
55116 Mainz

RECHNUNG	
Nummer:	8007
Kunden-Nummer:	911202
Seite:	1

Ihr Zeichen, Ihre Nachricht vom	Unser Zeichen, unsere Nachricht vom	Tel. Durchwahl	Hamburg
10.03. ..	frie 07.03. ..	020/342208-435	16.03. ..

POS.	ART-NUM	BEZEICHNUNG	EINH	MENGE	EINZELPREIS	BETRAG/EUR
1.	1230101	SONY OCD-TR 202	STCK	1	766,00	766,00

Zwischensumme:	766,00
Mwst 19%	145,54
+ Versandkosten:	3,00
Gesamtbetrag:	914,54

Es gelten folgende Lieferungs- und Zahlungsbedingungen:

Lieferung:	zzgl. Versandkosten	Zahlungsziel:	10 Tage
Lieferzeit:	10 Tage	Skonto bei Barzahlung: 0,0 %	

Bankverbindung: Deutsche Bank Hamburg   BLZ 270 546 00   Konto-Nr. 344 000 2
Erfüllungsort und Gerichtsstand ist Hamburg

■ **1. Sie wollen die Rechnung der Firma Foto-Wilhelm online bezahlen. Tätigen Sie die Überweisung über das Privatgirokonto 1234567890.**

■ **2. Sie wollen über das Privatgirokonto 1212121212 einen Dauerauftrag einrichten.**

Ab nächstem Monat haben Sie eine eigene Wohnung gemietet. Die Miete beträgt 380,00 EUR und ist jeweils zum 1. des Monats fällig. Der Vermieter, Herr Michael Meier, hat Ihnen folgende Kontoverbindung mitgeteilt: Konto-Nr. 231 123 456 bei der Sparkasse Südliche Weinstraße, BLZ 548 500 10.

Info-Box

Dauerauftrags-Bedingungen. Die Ausführung eines Dauerauftrages kann bei nicht ausreichender Kontodeckung unterbleiben. Sofern der Auftrag mangels Deckung nicht ausgeführt werden konnte, sind wir berechtigt, den Dauerauftrag zu löschen.

Zwischen Einrichtung und erster Ausführung eines Dauerauftrages müssen mind. zwei Bankarbeitstage liegen. Eine nachträgliche Änderung des Ausführungstermins ist nicht möglich.

Info-Box

Wechsel vom Banking zum Brokerage. Wählen Sie dazu im Finanzstatus einfach ihr Depot aus.

In der Navigation auf der linken Seite werden Ihnen dann die entsprechenden Brokerage-Funktionen zur Verfügung gestellt.

■ **3. Öffnen Sie das Depotkonto. Verschaffen Sie sich über die Depotanzeige einen Überblick über Ihre Wertpapiere.**
a) Kaufen Sie Wertpapiere.
b) Verkaufen Sie Wertpapiere.

■ **4. Informieren Sie sich über das Börsenspiel der Sparkassen, Volksbanken und anderer Kreditinstitute. Melden Sie sich mit Ihrer Lerngruppe an.**

Augen auf beim Kauf **I** Verbraucherbewusst handeln **53**

4 Rechte und Pflichten aus Verträgen

4.1 Augen auf beim Kauf

Verbraucherbewusst handeln

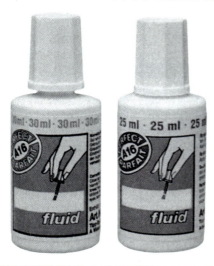

Nach dem Eichgesetz sind Mogelpackungen verboten.

■ 1. Vergleichen Sie die beiden Flaschen. Wo wird gemogelt?

_____

_____

■ 2. Nennen Sie weitere Beispiele für Mogeleien.

_____

_____

Beim Kauf gilt: Augen auf! Nur wer sich informiert, vergleicht und kontrolliert, kann sich vor Tricks und Scheinangeboten schützen. Deshalb sollten Sie
- wissen, was Sie kaufen wollen,
- nicht übereilt kaufen,
- nicht mehr kaufen, als Sie sich leisten können,
- in mehrere Geschäfte gehen,
- sich bei Verbraucherzentralen Rat einholen,
- Testberichte studieren.

Informationen und Hilfen gibt es u. a. bei
- den Verbraucherzentralen und ihren Beratungsstellen: www.verbraucherzentrale.de
- dem Verbraucherzentrale Bundesverband: www.vzbv.de
- der Stiftung Warentest: www.stiftung-warentest.de
- beim Europäischen Verbraucherzentrum Kiel: www.evz.de

■ 3. Auch in Ihrer Nähe befindet sich eine Verbraucherberatungsstelle. Notieren Sie mithilfe des Telefonbuchs Anschrift und Telefonnummer.

■ 4. In einer Werbeanzeige finden Sie den folgenden Hinweis. Was erfahren Sie über das Produkt?

_____

4.2 Jugend testet

Projekt Warentest

Sicherlich kennen Sie die Waren- und Dienstleistungstests der Stiftung Warentest. Mithilfe dieser Tests werden Produkte und Dienstleistungen auf ihre Beschaffenheit und Qualität untersucht. Dadurch soll herausgefunden werden, welchen Gebrauchswert diese Waren und Dienstleistungen für die Verbraucher haben.

■ **Führen Sie ein Projekt „Warentest" durch. Dabei sollten Sie wie folgt vorgehen:**

1. Festlegung des Produkts: Schokolade

2. Was soll herausgefunden werden?
- Geschmack
- Inhaltsstoffe laut Deklaration
- Verpackung
- Handhabbarkeit
- Preis
- _____

3. Infos über das Produkt: Infos zu Kakao und Schokoladenherstellung (www.quarks.de/schokolade)

4. Produktauswahl: Vollmilchschokolade (100 g) verschiedener Hersteller, z. B. Sarotti, Milka, …

5. Einkauf
- Supermarkt
- Kiosk
- Tankstelle
- _____

6. Kriterien/Gewichtung (%):
- Geschmack
- Inhalt
- Verpackung/Aufmachung
- _____

7. Testmethoden:
- Blindverkostung
- Abwiegen
- Chemische Prüfung
- _____

8. Testauswertung:
- Einzelergebnis festlegen
- Gesamtergebnis berechnen
- Darstellung überlegen
- Verbrauchertipps erarbeiten
- _____

9. Testergebnisse veröffentlichen:
- Schülerzeitung
- Presse
- _____

Die STIFTUNG WARENTEST wurde 1964 auf Beschluss des Deutschen Buntestages gegründet, um dem Verbraucher durch die vergleichenden Tests von Waren und Dienstleistungen eine unabhängige und objektive Unterstützung zu bieten.

- **Wir kaufen** – anonym im Handel, nehmen Dienstleistungen verdeckt in Anspruch.
- **Wir testen** – mit wissenschaftlichen Methoden im Haus und in unabhängigen Instituten nach unseren Vorgaben.
- **Wir bewerten** – von „sehr gut" bis „mangelhaft", ausschließlich auf Basis der objektivierten Untersuchungsergebnisse.
- **Wir veröffentlichen** – anzeigenfrei in unseren Zeitschriften test und FINANZtest und in Internet unter www.test.de

STIFTUNG WARENTEST (Hg.): FINANZtest 1/2008.

4.3 Angebote vergleichen

Angebotsvergleich

■ 1. Markieren Sie im Text die wichtigen Überlegungen und Punkte, durch die Katharina schließlich zu ihrer Entscheidung kommt.

> Katharina hat gerade ihren Führerschein A1 gemacht. Schon lange träumt sie von einem 50 ccm-Motorroller. Bevor Sie sich für den Kauf entscheidet, will sie sich erst einmal eine Marktübersicht verschaffen. Dazu klappert sie die umliegenden Händler ab, studiert Fachzeitschriften und sucht ganz gezielt im Internet. Außerdem vergleicht sie Testergebnisse. Katharina kommt zu dem Ergebnis, dass ihr Roller vor allem folgende Eigenschaften aufweisen sollte: sportlich, Zwei-Takter mit Automatikgetriebe. Natürlich soll er auch fetzig lackiert sein. Als nächstes stellt sie sich die Frage, ob ein Neu- oder Gebrauchtkauf infrage kommt. Da Katharina nur ca. 1.600 EUR von ihrem angesparten Taschengeld anlegen will, entscheidet sie, sich nach einem gepflegten gebrauchten Roller umzusehen. Aber eines steht jetzt fest: Sie will unbedingt dieses Modell haben:

■ 2. Erstellen Sie für Katharina eine Checkliste, auf welche Punkte sie vor dem Kauf eines gebrauchten Rollers achten sollte. Fertigen Sie dazu ein Plakat an.

■ 3. Katharina will ca. 1.600 EUR investieren. Wo kann sie sich informieren, welcher Preis für einen gebrauchten Roller angemessen ist?

_____

_____

_____

■ 4. Finden Sie einen passenden Motorroller für Katharina, indem Sie eine Internet-Recherche durchführen. Notieren Sie stichwortartig Ihre Vorgehensweise.

_____

_____

_____

■ 5. Präsentieren Sie Ihr Ergebnis. Vergleichen Sie die Ergebnisse in Ihrer Lerngruppe.

4.4 Einen Kaufvertrag abschließen

Katharina findet in der Zeitung folgende Anzeige:

> **Motorroller Aprilia SR 50 R** EZ 09/06, 3200 km, 2,7 kW bei 6500/min, Automatikgetriebe, Sonderlack. rot, Sonderausst. Gepäcktr., Vers. bis Dez., Topzustand, VB 1.650 EUR, Thomas Simmendinger, Gartenweg 7, 55122 Mainz

Katharina ist an diesem Angebot interessiert und hat einen Besichtigungstermin mit dem Anbieter vereinbart. Nach einer Probefahrt kommt es zu folgendem Verkaufsgespräch.

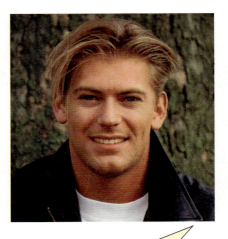

Katharina: An der Gabel links ist ein kleiner Lackschaden. Hat der Roller schon mal einen Unfall gehabt?

Thomas: Nein. Unfallfrei! Der Roller ist mir nur mal umgefallen. Du kannst noch orginal Lackspray haben.

Katharina: Zeigt der Tacho auch den wirklichen Kilometerstand an?

Thomas: Klar doch, was denkst du denn? Hier ist das Scheckheft. Da kannst du nachschauen.

Katharina: Wie viel Sprit braucht er?

Thomas: Keine vier Liter. Und nur Normalbezin.

Katharina: 1.650 EUR sind mir zu viel. Der Hinterreifen muss auch bald erneuert werden. Ich biete 1.450 EUR.

Thomas: Aber der Gepäckträger ist als Sonderausstattung im Preis inbegriffen.

Katharina: Na gut, für 1.500 EUR nehme ich den Roller. Ich zahle auch bar.

Thomas: Einverstanden! Dann können wir ja den Vertrag ausfüllen.

Einen Kaufvertrag abschließen I Kaufvertrag **57**

Kaufvertrag

■ **1. Füllen Sie den Kaufvertrag zwischen Katharina Huber (Niederwaldstraße 42, 65183 Wiesbaden) und Thomas Simmendinger aus. Alle wichtigen Daten finden Sie in der Anzeige und im Verkaufsgespräch.**

Kaufvertrag

zwischen

Verkäufer	Käufer
Name: _____	Name: _____
Straße: _____	Straße: _____
PLZ, Ort: _____	PLZ, Ort: _____

Der Verkäufer verkauft an den Käufer einen gebrauchten Roller:

Marke _____ Typ _____

Erstzulassung _____ Gesamtlaufleistung in km _____

Rahmennummer _3794894_____ Betriebserlaubnis-Nr. _AB 39 6A 031____

Mit dem Roller wird gleichzeitig folgende Sonderausstattung verkauft:

_____

Der Gesamtpreis für obiges Fahrzeug incl. Sonderausstattung beträgt: _____ EUR

in Worten: _____

Der Roller wird – wie besichtigt und Probe gefahren – unter Ausschluss jeglicher Gewährleistung verkauft.

Der Verkäufer sichert zu, dass   Der Roller hat bei der Übergabe

○ der Roller unfall- und bruchfrei ist.   ○ keine Mängel.

○ der Roller folgende Unfallschäden hat: ○ folgende Mängel:

_____   _____

Der Käufer übernimmt die für den Roller bestehende Versicherung.

Der Verkäufer   **Der Käufer**

_____   _____
Ort, Datum, Unterschrift   Ort, Datum, Unterschrift

4.5 Den Kaufvertrag abschließen und erfüllen

Pflichten der Vertragspartner

Katharina Huber und Thomas Simmendinger haben den Kaufvertrag über den Motorroller abgeschlossen. Der Vorgang lässt sich wie folgt darstellen:

Mit dem Kaufvertrag haben Käufer und Verkäufer Pflichten übernommen.

Rechtzeitig liefern   **Einwandfreie Waren liefern**

Bestellte Ware annehmen   **Pünktlich bezahlen**

■ 1. Welche Pflichten hat der Verkäufer, welche der Käufer?
Tragen Sie die Pflichten in obiges Schaubild ein.

> Für Verträge gilt grundsätzlich, dass sie an keine Form gebunden sind. Sie können z. B. mündlich oder per Handschlag abgeschlossen werden. Wichtige Kaufverträge sollten jedoch schriftlich abgefasst werden.
>
> Ein Kaufvertrag enthält u. a. die folgenden Punkte:
>
> – Art der Ware   – Menge der Ware
> – Preis   – Qualität und Zustand der Ware
> – Zahlungsbedingungen

■ 2. Überprüfen Sie, ob alle wichtigen Inhalte im Kaufvertrag zwischen Katharina und Thomas enthalten sind. Markieren Sie die Punkte im Vertrag auf der vorherigen Seite.

4.6 Um den Preis feilschen

Rabatte

Den teuren Motorroller günstiger bekommen? Für den Motorradhelm weniger bezahlen, als auf dem Preisetikett steht? Die Jacke mit 20 Prozent Nachlass erstanden? – Wer gut verhandeln kann, wird belohnt. Deshalb: Feilschen will gelernt sein.

Die folgenden Tipps und Strategien hat die STIFTUNG WARENTEST zusammengestellt:

Handeln ist vor allem bei teuren Produkten sinnvoll. Dann lohnt sich auch die Planung des Einkaufs. Barzahlung, Selbstabholung, Stammkundschaft, günstigere Konkurrenzangebote sind gute Argumente, um den Preis zu drücken. Dabei gilt: Lügen haben kurze Beine. Stellt der Verkäufer dich durch Nachfragen bloß, gerätst du in die Defensive. Deshalb ist eine gute Vorbereitung wichtig:

Ausstrahlung. Setz ein fröhliches Gesicht auf. Jemanden, der schlecht gelaunt ist, gibt man nicht so gern Rabatt. Also: Vergiss den Spaßfaktor nicht!

Wunschpreis. Leg dich auf ein Preisziel für den Einkauf fest. Erkundige dich nach Vergleichpreisen. Notiere die Angebote, auf die du im Gespräch verweisen kannst.

Angebot abwarten. Verprelle den Verkäufer nicht mit überzogenen Wünschen. Frage nach Rabatt und prüfe dann sein Angebot.

Kundendienst. Händler machen gern Serviceangebote wie kostenlose Inspektionen oder Montagearbeiten, um Preisnachlässe zu vermeiden. Prüfe, wie viel dir solche Dienste wert sind, und vergleiche das Angebot dann mit dem angepeilten Rabatt.

Naturalrabatte. Auch Zugaben sind beliebte Ausweichstrategien. Überlege dir deshalb ein attraktives Extra (etwa zum CD-Player eine CD) oder bereite dich darauf vor, angebotenen Schund abzulehnen.

Saisonware. Kaufe außerhalb der Saison oder zum Saisonende – zum Beispiel Skier oder Bikini. Da solche Produkte besonders schwer im Regal liegen, sind Rabatte eher zu erzielen. Achte auf Vorjahresmodelle. Das Bike aus dem Vorjahr ist deutlich günstiger als das technisch kaum verbesserte neue Modell.

Entschlossenheit. Manche Verkäufer bluffen mit dem vermeintlich „letzten Wort". Gehe dann, wenn dein Zielpreis nicht erreicht wurde. Vielleicht macht dir der hinterhereilende Verkäufer ein „allerletztes" Angebot.

Tipps, Quelle: Kalender 2004/2005 – Als Konsument in Europa, Hg: Catie Thorbum, Europ. Kommission, Europäische Gemeinschaften 2004, S.43

■ **1. Analysieren Sie das Verkaufsgespräch zwischen Katharina und Thomas (S. 56). Welche Strategien hat Katharina erfolgreich eingesetzt?**

___

___

___

■ **2. Spielen Sie das folgende Rollenspiel:**
Mark sieht in der Boutique Jeans für 89,90 EUR, ein T-Shirt für 29,90 EUR sowie einen Pulli für 84,50 EUR. Gerne würde er diese drei Kleidungsstücke kaufen. Allerdings hat Mark nur noch 200,00 EUR zur Verfügung, will aber nur 160, 00 EUR ausgeben.
Mark geht mit den ausgewählten Kleidungsstücken zur Verkäuferin: „Diese Teile würde ich gerne haben, allerdings ..."

4.7 Probleme mit der Lieferung

Nicht-Rechtzeitig-Lieferung/Mangelhafte Lieferung

Katharina hat aus einem Katalog einen Motorradhelm, Handschuhe und eine Fahrerjacke bestellt. Heute ist die Lieferung mit dem Paketdienst angekommen. Mit dem beiliegenden Lieferschein überprüft Katharina den Inhalt des Pakets.

Roller-Shop · Herzogstraße 28 · 41464 Neuss

	LIEFERSCHEIN	
Frau	Nummer:	8366
	Kd.Nummer:	59-334
Katharina Huber	Datum:	17.04. ..

Katharina Huber
Niederwaldstr. 42
65183 Wiesbaden

Pos.	Art.Nr.	Bezeichnung	Menge
1	7650	Helm FM Byron Jet	1
2	7611	Handschuh Modeka 7	1
3	7692	Fahrerjacke Light	1

Bei Reklamationen beachten Sie bitte unsere Allgemeinen Geschäftsbedingungen.

Katharina stellt fest, dass die Jacke an einigen Stellen Farbfehler aufweist. Aufgrund des Hinweises auf dem Lieferschein schlägt Katharina die Allgemeinen Geschäftsbedingungen (AGB) im Katalog nach:

Gewährleistung
Wir haften im Rahmen der gesetzlichen Gewährleistung für Mängel an neuen Waren für die Dauer von zwei Jahren. Als Mängel im Sinne des vorstehenden Absatzes gelten Abweichungen an dem Verkaufsgegenstand, von der Bedienungsanleitung oder der darin beschriebenen Funktionsweise sowie Abweichungen vom herkömmlichen Gebrauch des Verkaufgegenstandes, soweit diese Abweichungen die Tauglichkeit des Kaufgegenstandes zum üblichen Gebrauch beeinträchtigen. Eine Haftung nach zwingenden gesetzlichen Bestimmungen bleibt hiervon unberührt. Liegt ein Mangel bei Übergabe der Kaufsache vor, ist der Kunde berechtigt, Nacherfüllung zu verlangen, d.h. nach seiner Wahl Mangelbeseitigung oder Lieferung einer mangelfreien Sache. Wir können die gewählte Art der Nacherfüllung verweigern, wenn sie nur mit unverhältnismäßigem Aufwand möglich ist.

Hat der Kunde uns ohne Erfolg eine angemessene Frist zur Nacherfüllung gesetzt, ist er berechtigt, vom Vertrag zurückzutreten, Schadensersatz zu verlangen oder den Kaufpreis zu mindern. Haben wir bereits eine Teilleistung erbracht, kann der Kunde vom ganzen Vertrag nur zurücktreten oder Schadensersatz verlangen, wenn er an der Teilleistung kein Interesse mehr hat. Bei einem nur unerheblichen Mangel ist der Rücktritt ausgeschlossen.

Reklamation
Schicken Sie die Ware bitte ausreichend frankiert an den Versand zurück. Wichtig: Auch für die Bearbeitung von Reklamationen benötigen wir den Kaufbeleg. Reklamationsbearbeitungen bzw. Reparaturen können unsere Lieferanten nur an sauberen, nicht verschmutzten Artikeln vornehmen!

■ **1. Markieren Sie in den AGB, welche Rechte Katharina als Käuferin hat.**

■ **2. Von welchem Recht sollte Katharina Gebrauch machen? Begründen Sie Ihre Meinung.**

■ **3. Überprüfen Sie, ob Katharina die Kosten für die Rücksendung übernehmen muss. Vergleichen Sie dazu die Antwort zu Frage 19 auf Seite 62.**

4.8 Richtig reklamieren

Rechte des Käufers

Ihr Recht als Käuferin oder Käufer: 20 Fragen – 20 Antworten

1 **? Was muss ich zahlen, wenn die Ware an der Kasse plötzlich teurer ist als im Schaufenster?**
Den Kassenpreis, selbst wenn Sie meinen, dass der Schaufensterpreis ein gemeines Lockvogelangebot war.

2 **? Reklamation nur mit Originalverpackung – ist das erlaubt?**
Nein, Sie dürfen auch ohne Verpackung reklamieren. Wichtig ist der Kassenzettel, denn im Zweifel müssen Sie beweisen, wo Sie den Artikel gekauft haben.

3 **? Bei Nichtgefallen Geld zurück – gilt das generell?**
Nein, denn der Umtausch bei bloßem Nichtgefallen ist ein freiwilliger Service des Händlers. Hat die Ware aber Mängel, kommt ein Umtausch im Rahmen der Gewährleistung durchaus infrage.

4 **? Was für Rechte bietet denn die Gewährleistung?**
Die Gewährleistungsrechte haben Sie gegen den Händler. Von ihm können Sie bei Mängeln Nachbesserung in Form von Umtausch oder Reparatur verlangen. Klappt das nicht, können Sie den Preis mindern, vom Vertrag zurücktreten und mitunter Schadensersatz verlangen.

5 **? Sind Gewährleistung und Garantie nicht dasselbe?**
Nein. Garantien sind freiwillige Zusatzleistungen, meist vom Hersteller und nicht vom Händler. Oft enthalten sie das Versprechen, dass die Ware oder Einzelteile eine Zeit lang halten. Käufer mit Garantie können üblicherweise Reparatur oder Umtausch fordern.

6 **? Kann ich zwischen Garantie und Gewährleistungsrechten wählen?**
Ja. Der Händler darf Sie bei einer Reklamation nicht abwimmeln und auf den Hersteller verweisen. Lassen Sie es sich schriftlich geben, wenn der Verkäufer von Gewährleistung prinzipiell nichts wissen will. Sie können dann ohne Frist vom Geschäft zurücktreten und Geld zurückverlangen.

7 **? Was ist besser: Garantie oder Gewährleistung?**
Das kommt darauf an. Wenn Sie wegen eines Mangels Geld zurück oder eine Preisminderung wollen, sollten Sie über die Gewährleistung gegen den Händler vorgehen. So etwas gibt es über eine Garantie üblicherweise nicht. Reicht es Ihnen, wenn die defekte Ware ausgetauscht oder repariert wird, ist die Garantie meist unproblematischer.

8 **? Was macht die Abwicklung über Garantie unproblematischer?**
Mit einer Haltbarkeitsgarantie müssen Sie nichts beweisen. Geht die Ware innerhalb der Frist kaputt, haben Sie die Rechte, wie sie in der Garantie versprochen wurden. Gewährleistungsrechte hingegen gelten nur, wenn der Mangel schon zum Verkaufszeitpunkt da war.

9 **? Wie beweise ich, dass die Ware von Anfang an Mängel hatte?**
Das geht meist nur mit teurem Gutachten. Doch zumindest im ersten halben Jahr ab Kauf haben Sie es bequem: Da haftet der Verkäufer, wenn er nicht beweist, dass die Ware bei Übergabe in Ordnung war. Danach wechselt die Beweislast und mit störrischen Verkäufern ist zu rechnen. Es lohnt sich deshalb, vor dem Kauf ins Kleingedruckte zu schauen. Manche Händler wie Quelle oder Neckermann verlängern die kundenfreundliche Beweissituation kulanterweise auf ein Jahr.

10 **? Wie lange kann ich überhaupt beim Händler reklamieren?**
Haben Sie beim Händler Neuware gekauft, beträgt die Frist zwei Jahre. Bei Gebrauchtware ist es mindestens ein Jahr. Ausnahmen („bei diesen Geräten gelten Sonderfristen") gibt es nicht.

11 **? Mein Händler stellt sich stur, gibt es Alternativen zu einer Klage?**
In manchen Branchen gibt es funktionierende Schlichtungsstellen, etwa für die Textilindustrie oder bei der Kfz-Innung. Erkundigen Sie sich bei einer Verbraucherzentrale.

Ihr Recht als Käuferin oder Käufer: 20 Fragen – 20 Antworten

12 ? **Der Händler braucht ewig für die Reparatur. Was soll ich tun?**
Es gibt keine verbindliche Frist für die Nachbesserung. Wenn Sie schon länger warten, setzen Sie schriftlich eine Frist (zum Beispiel eine Woche), innerhalb deren er reparieren oder umtauschen muss. Kündigen Sie an, danach rechtliche Schritte einzuleiten und die Kosten als Verzugsschaden zu berechnen. Das könnte die Sache beschleunigen.

13 ? **Kann ich nicht einfach gleich Geld zurückverlangen?**
Nein, erst darf der Händler die Nachbesserung versuchen. Sie können zwischen Umtausch und Reparatur entscheiden. Die gewählte Alternative muss dem Händler aber zumutbar sein. Bei teurer Ware wird der Händler darauf bestehen, sie zu reparieren. Mehr als zwei Versuche hat er für die Reparatur aber üblicherweise nicht.

14 ? **Welche Mängel kann ich eigentlich beim Händler reklamieren?**
So ein Mangel liegt vor, wenn die Ware von Anfang an kaputt ist. Aber auch intakte Ware gilt als mangelhaft, wenn sie nicht für den Zweck taugt, für den Sie sie gekauft haben. Haben Sie im Baumarkt Kleber verlangt, der Styropor klebt, dürfen Sie anschließend reklamieren, wenn der eigentlich ordentliche Kleber nur Holz klebt. Als Mangel gilt auch, wenn Sie zu viel, zu wenig oder falsche Ware bekommen. Hat Sie der Händler beim Verkauf auf Mängel hingewiesen, können sie diese aber nicht mehr reklamieren.

15 ? **Der Händler nimmt den kaputten CD-Spieler zurück, aber nur gegen einen Gutschein. Darf er das?**
Nein. Wenn Sie Ware wegen Mängeln zurückgeben dürfen, haben Sie auch Anspruch auf das Geld. Anders ist das, wenn der Händler heile Ware bei Nichtgefallen aus Kulanz zurücknimmt.

16 ? **Und was ist mit den Kosten, wenn ich zu Recht reklamiere?**
Dann ist alles klar: Der Verkäufer trägt Transport, Wege-, Arbeits- oder Materialkosten.

17 ? **Habe ich weniger Rechte, wenn ich im Versandhandel bestelle?**
Nein, Sie haben mehr. Neben Gewährleistung und Garantie haben Sie ein Widerrufsrecht, wenn Sie per Telefon, Fax, SMS, Postkarte oder E-Mail bestellen. Sie dürfen das Geschäft binnen 14 Tagen nach Erhalt der Ware platzen lassen. Schicken Sie die Ware einfach zurück. Ein schriftlicher Widerruf ist ratsam, aber nicht zwingend.

18 ? **Gilt das Widerrufsrecht ausnahmslos?**
Es gilt nur bei Händlern, die regelmäßig im Fernabsatz verkaufen. Wenn der Winzer Ihre Weinbestellung ausnahmsweise telefonisch annimmt, sonst aber nur im Geschäft verkauft, haben Sie kein Widerrufsrecht. Es entfällt auch bei Software, Audio- und Videodatenträgern, wenn Sie sie bereits entsiegelt haben, bei Pauschalreisen und bei Geschäften des täglichen Bedarfs wie etwa der Pizzabestellung.

19 ? **Ich habe widerrufen. Was ist mit den Rücksendungskosten?**
Schicken Sie die Ware einfach unfrei zurück (Porto zahlt Empfänger). Der Verkäufer muss die Rücksendungskosten zahlen, so steht es im Gesetz. Ausnahmen gelten nur für Waren unter 40 Euro. Hier kann der Händler die Versandkosten dem Kunden auferlegen.

20 ? **Welche Regeln gelten, wenn ich bei Ebay-Händlern kaufe?**
Sie haben ein Widerrufsrecht, wenn Sie per Onlineauktion bei Profihändlern kaufen. Bei Privatverkäufen gilt dies nicht.

Quelle: Finanztest, (Stiftung Warentest), Nr. 9, 2004, S. 58 ff. (gekürzt und verändert)

Mängelrüge

So gehen Sie vor, wenn die Ware Mängel hat

Sie haben Rechte, wenn sich in der Gewährleistungsfrist Mängel an der Ware zeigen. Die Frist beträgt zwei Jahre, bei Gebrauchtware darf sie auf ein Jahr beschränkt werden. Es zählen aber nur Fehler, die schon beim Kauf vorlagen. Reklamieren Sie im ersten halben Jahr, muss der Händler beweisen, dass alles okay war. Später müssen Sie belegen, dass schon beim Kauf der Wurm drin war.

Die Ware ist mangelhaft, wenn sie von Anfang an kaputt ist. Auch bei zu wenig, zu viel oder falscher Ware gilt Gewährleistungsrecht. Selbst wenn die Ware heil, aber für den Vertragszweck ungeeignet ist, ist das ein Mangel. Beispiel: Sie wollen ausdrücklich einen Computer, auf dem bestimmte Programme laufen. Laufen sie nicht, ist der (heile Rechner) mangelhaft.

↓

Sie können wählen, ob Sie Reparatur oder Umtausch verlangen. Die gewählte Alternative muss dem Händler aber zumutbar sein. Faustregel: Bei billiger Ware ist meist Umtausch angemessen, bei teurer Ware Reparatur.

↓

Wenn der **Händler** erfolglos **repariert**, hat er einen zweiten Versuch. Spätestens dafür sollten Sie ihm schriftlich eine Frist setzen. Kosten für Mängelsuche, Transport oder Material darf der Händler Ihnen nicht berechnen.

Wenn Sie die **Lieferung neuer Ware** wählen, müssen Sie die alte zurückgeben. Der Händler darf Nutzungsersatz verlangen, der sich an der Wertminderung orientiert. Bei Autos ist die exakte Kilometerleistung zu berücksichtigen.

↓

Scheitert die Reparatur und gibt es keinen Umtausch, obwohl Sie eine Frist gesetzt haben, oder mauert der Händler von Anfang an, können Sie **einen Teil des Kaufpreises zurückverlangen**. Hier ist Verhandlungsgeschick gefragt. Feste Minderungssätze gibt es nicht.

Oder
↓

Bei Mängeln, die keine Lappalien sind, können Sie alternativ auch **vom Vertrag zurücktreten** (Geld zurück), wenn der Händler Umtausch oder Reparatur verweigert, die Reparaturen floppen oder der Händler die gesetzliche Nachbesserungsfrist verstreichen lässt.

Zusätzlich
↓

Schäden, die der Händler verschuldet, muss er **ersetzen**, so etwa Reinigungskosten, wenn eine Waschmaschine wegen schlechter Reparatur ausläuft. Als Schaden gelten aber zum Beispiel auch Gutachterkosten, wenn Käufer die Mängel der Ware erst beweisen müssen.

Quelle: Finanztest (Stiftung Warentest), Nr. 9, 2004, Seite 59

■ 1. Erläutern Sie den Unterschied zwischen Gewährleistung und Garantie.

■ 2. Spielen Sie das folgende Rollenspiel:
Mark (vgl. Aufgabe 2, S. 59) hat für die Jeans, den Pulli und das T-Shirt Rabatt aushandeln können. Statt 204,30 EUR hat er nur 170,00 EUR bezahlt. Zu Hause stellt er allerdings fest, dass der Pulli, der als Sonderangebot ausgewiesen war, auf dem Rücken größere Webfehler aufweist. Er will von seinen Rechten als Käufer bei mangelhafter Ware Gebrauch machen. Deshalb geht er mit der Ware zurück in die Boutique und erläutert der Verkäuferin den Sachverhalt. Die Verkäuferin erklärt ihm, dass Sonderangebote vom Umtausch ausgeschlossen sind und deutet auf die Hinweistafeln.

4.9 Online-Shopping

Fernabsatzgeschäft

Als Käuferin oder Käufer sollte man beim Einkaufen im Internet auf folgende „10 Gebote" achten:

1. Der Anbieter identifiziert sich eindeutig mit Namen und Anschrift.
2. Die Vertragsbedingungen (AGB) müssen leicht zugänglich, lesbar und speicherbar sein.
3. Der Zeitpunkt des Vertragsabschlusses ist eindeutig erkennbar.
4. Die Ware bzw. Dienstleistung wird genau beschrieben.
5. Der Preis der Ware (einschließlich Steuern und Zusatzkosten) ist angegeben.
6. Die Liefer- und Versandkosten sind klar aufgeführt.
7. Die Zahlungsmöglichkeiten werden genau beschrieben.
8. Ein Rücktritts- bzw. Widerrufsrecht wird ausdrücklich eingeräumt.
9. Die Lieferzeit ist exakt angegeben.
10. Der Anbieter verpflichtet sich, keine Kundendaten weiterzugeben.

■ 1. Notieren Sie wichtige Rechte beim Online-Shopping. Hilfe finden Sie auf der Seite 62.
a) Wie lange hat der Käufer ein Widerrufsrecht? Kreuzen Sie an.

☐ 7 Tage ☐ 14 Tage ☐ 30 Tage

b) Aus welchen Gründen kann der Käufer vom Kauf zurücktreten?

_____

c) Sie haben die Verpackung geöffnet und die Ware ausprobiert. Ist bei Rücksendung eine Entschädigung zu zahlen?

☐ ja ☐ Nur ab 40 EUR ☐ nein

d) Für welche Produkte gibt es beim Online-Shopping kein Widerspruchsrecht?

☐ Entsiegelte Software ☐ Südfrüchte ☐ Hotelbuchung ☐ Maßgefertigte Kleidung

Eine der bekanntesten Auktionsplattformen ist ebay. Diese Plattform ist ein elektronischer Marktplatz, auf dem sich Käufer und Verkäufer treffen. Ebay ist jedoch nicht an dem zwischen Käufer und Verkäufer abgeschlossenen Kaufvertrag beteiligt und übernimmt deshalb auch keine Haftung. Kommt bei der Auktion ein Kaufvertrag zwischen einem Unternehmen und einer Privatperson zustande, gelten die gesetzlichen Gewährleistungspflichten. Privatpersonen können die Gewährleistung ausschließen.

Ausführliche Informationen zum Kaufen bei ebay: www.ebay.de/online-training

4.10 Mieten, pachten, leasen

Wichtige Vertragsarten

■ 1. Listen Sie auf,
a) welche Vertragspartner gesucht werden,
b) um welche Verträge es sich handelt.

Vertragspartner 1	Vertragspartner 2	Vertragsart

■ 2. Entscheiden Sie, ob die folgenden Sachen gemietet, gepachtet oder geleast werden.

Miete	Pacht	Leasing	
☐	☐	☐	Ferienhaus am Meer für den Jahresurlaub
☐	☐	☐	Segelboot für einen Segeltörn im Urlaub
☐	☐	☐	Dienstwagen für den Geschäftsführer
☐	☐	☐	Schrebergarten für den Gemüseanbau
☐	☐	☐	EDV-Anlage einer Druckerei

5 Eintritt in die Berufswelt

5.1 Erwachsen werden – Verantwortung tragen

Rechte und Pflichten

Erwachsen wird man nicht über Nacht. In Stufen werden den Minderjährigen Schritt für Schritt Rechte und Pflichten übertragen.

■ **Lösen Sie die folgenden Fälle. Entscheiden und begründen Sie.**

1. Britta (15) will sich vom Religionsunterricht abmelden. Ihre Eltern sind dagegen.

2. Michael (16) hat den Führerschein Kl. A1 gemacht und möchte sich ein Moped auf Raten kaufen.

3. Yildiz (17) und Alex (20) wollen heiraten.

4. Martje (15) will an einer Demonstration teilnehmen.

5. Andreas (13) hat einen Ladendiebstahl begangen. Kann Andreas verurteilt werden?

Rechte und Pflichten	Alter
• volle Strafmündigkeit • Führerschein (D1E, D1, DE, D)	21
• Volljährigkeit • volle Geschäftsfähigkeit • volle Deliktfähigkeit • Strafmündigkeit als Heranwachsender • Ehemündigkeit • Wehrpflicht • Wahlrecht (Bundestagswahl) • Führerschein (A, BE, B, C1, C1E, C)	18
• Führerschein „Begleitetes Fahren" (B, BE)	17
• Ausweispflicht • beschränkte Ehemündigkeit • Führerschein (M, A1, T, L) • Eidesfähigkeit	16
• Strafmündigkeit • Religionsmündigkeit	14
• beschränkte Geschäftsfähigkeit • beschränkte Deliktfähigkeit	7
• Schulpflicht	6
• Grundrechte • Rechtsfähigkeit • Erbfähigkeit	0

■ **2. Informieren Sie sich über die gesetzlichen Grundlagen der wichtigsten Rechtsbegriffe, z. B. unter www.lexikon-recht.de**

5.2 Berufsausbildung als Investition in die Zukunft
Berufsausbildung

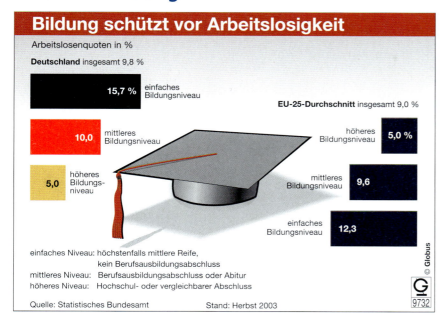

Blick in die Arbeitslosenkartei

Jung, gesund und gut ausgebildet – diese Mischung ist ein großer Pluspunkt auf dem Arbeitsmarkt. Damit lässt sich der Verlust des Arbeitsplatzes vermeiden oder aber die Zeit der Arbeitslosigkeit verkürzen. Aber längst nicht alle Erwerbslosen verfügen über eine derart günstige Kombination von Eigenschaften. Die „Problem-Arbeitslosen" – also jene, die nur schwer vermittelt werden können – sind im Vergleich zu den problemlosen Fällen in der Überzahl. Sie haben entweder keinen Berufsabschluss, sind gesundheitlich angeschlagen oder gehören zu den Älteren. Und nicht wenige der Arbeitslosen sind bei der Suche nach einem neuen Arbeitsplatz gleich durch mehrere dieser Erschwernisse benachteiligt.

■ 1. Wer sind die „Problem-Arbeitslosen"?

_____

_____

■ 2. Wie lässt sich das Problem, arbeitslos zu werden, am besten vermindern?

_____

_____

■ 3. „Einen Beruf ausüben ist mehr als Jobben, um Geld zu verdienen." Nennen Sie weitere Gründe, eine berufliche Ausbildung zu absolvieren, indem Sie die Sätze vervollständigen.

Ich mache eine betriebliche Ausbildung, weil _____

Ich freue mich auf die Berufsausbildung, weil _____

Lehrjahre sind keine Herrenjahre, aber _____

Ausbildung und Beruf sind mit viel Stress verbunden, aber _____

Das Wichtigste an einem Beruf ist, dass _____

„Deutschlands wirtschaftliche Zukunft hängt stark davon ab, dass genügend qualifizierte Fachkräfte zur Verfügung stehen. Diese müssen Generation für Generation erst einmal ausgebildet werden. Im Interesse der Wirtschaft wie im Interesse der Jugendlichen."

Ex-Bundeskanzler Gerhard Schröder

5.3 Schritt für Schritt zum Ausbildungsplatz

Berufswahl

Artikel 12 Grundgesetz
Alle Deutschen haben das Recht, Beruf, Arbeitsplatz und Ausbildungsstätte frei zu wählen.

■ 1. Vergleichen Sie den Artikel mit der Karikatur. Welches Problem wird deutlich?

_____

_____

_____

■ 2. Welche anderen Hürden lassen den Traumberuf oft in die Ferne rücken?

_____

_____

Auch beim Beruf werden Träume selten wahr. Entweder fehlen die notwendigen Ausbildungsplätze oder die erforderlichen Fähigkeiten sind nicht vorhanden. In der Bundesrepublik Deutschland gibt es ca. 350 anerkannte Ausbildungsberufe.

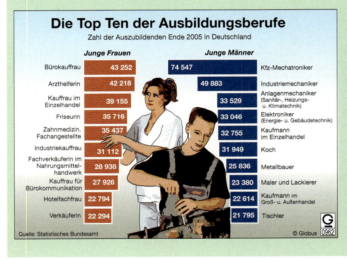

Mehr als 50 Prozent aller Ausbildungsplätze männlicher und mehr als 70 Prozent aller Ausbildungsplätze weiblicher Auszubildender konzentrieren sich auf nur 20 Ausbildungsberufe.

Auch wenn heute davon ausgegangen werden kann, dass eine Berufsentscheidung nicht mehr für das ganze Leben gültig sein muss, werden mit der Entscheidung für eine Ausbildung wichtige Grundlagen für den weiteren Lebensweg gelegt.

Dabei sollte man in seine Überlegungen neben den aktuellen persönlichen Neigungen, Interessen und Fähigkeiten auch die späteren beruflichen Anforderungen und, soweit möglich, die künftigen Berufsaussichten mit einbeziehen. Der Weg zum Ausbildungsberuf sollte Schritt für Schritt in Angriff genommen werden.

■ 1. Bringen Sie die folgenden Schritte zum Ausbildungsberuf in die richtige Reihenfolge, indem Sie diese entsprechend nummerieren.

Schritt	Aktionen
	Einen Praktikumsplatz finden
	Interessen herausfinden und passende Berufe zuordnen
	Richtig bewerben
	Einen passenden Beruf erkunden
	Eignungstests und Vorstellungsgespräche absolvieren
	Ausbildungsbetriebe ausfindig machen

Interessante Links für die Ausbildung und Berufsfindung:

www.machs-richtig.de
www.lehrstellenmagazin.de
www.arbeitsagentur.de

5.4 Ausbildung in Betrieb und Schule

Duales System

Das Duale System der Berufsausbildung

Die weitaus meisten Jugendlichen in Deutschland – rund 70 Prozent eines Jahrgangs – erlernen nach Beendigung der Schule einen staatlich anerkannten Ausbildungsberuf im sogenannten dualen System. Dual heißt, dass die Ausbildung an zwei verschiedenen Lernorten erfolgt: im Betrieb oder speziellen Ausbildungswerkstätten und in der Berufsschule. Die Stärke dieses Systems liegt in der Kombination von Theorie und Praxis.

In den Betrieben können die Auszubildenden ihren Beruf praxisnah erfahren und erlernen. Die Ausbildung erfolgt in größeren Unternehmen in eigenen Lehrwerkstätten und am Arbeitsplatz. Die Auszubildenden in kleineren Betrieben werden direkt am Arbeitsplatz ausgebildet. Sind die Betriebe zu sehr spezialisiert, um alle notwendigen Kenntnisse vermitteln zu können, werden sie von überbetrieblichen Berufsbildungsstätten unterstützt. Außerdem können Ausbildungsabschnitte von anderen Betrieben übernommen werden. Gelernt wird an drei bis vier Wochentagen im Betrieb und an ein bis zwei Tagen in der Berufsschule.

Aufgabe des Berufsschulunterrichts ist es, die betriebliche Ausbildung fachtheoretisch zu fördern und zu ergänzen sowie die Allgemeinbildung zu erweitern. Die Ausbildungsberufe im dualen System werden in enger Zusammenarbeit von Bund, Ländern und den Sozialpartnern festgelegt. Die Inhalte der Ausbildung orientieren sich an den Anforderungen des Arbeitsmarkts und sichern durch eine umfassende fachtheoretische Qualifizierung die berufliche Mobilität der Jugendlichen.

Je nach Beruf dauert die Ausbildung zwei bis dreieinhalb Jahre. Der Ausbildungsbetrieb zahlt den Auszubildenden eine Vergütung. Finanziert wird das duale System von den Betrieben (Ausbildungsvergütung) und vom Staat (Kosten für die Berufsschule).

Für jeden Ausbildungsberuf gibt es eine Ausbildungsordnung, die vom Bund, den Ländern, Arbeitgebern und Gewerkschaften gemeinsam entwickelt wird. Die Ausbildungsordnungen werden von den zuständigen Bundesministerien erlassen. In ihnen sind für jeden staatlich anerkannten Ausbildungsberuf festgelegt:
- das Berufsbild: Kenntnisse und Fertigkeiten,
- der Ausbildungsrahmenplan: sachlicher und inhaltlicher Ablauf,
- die Prüfung: Fächer und Anforderungen für die Zwischen- und Abschlussprüfung.

■ 1. Markieren Sie im Text wichtige Schlüsselbegriffe.

■ 2. Warum wird das Berufsausbildungssystem als „dual" bezeichnet?

■ 3. „Erraten" Sie die Ausbildungsberufe, die sich hinter den Umschreibungen verbergen.
Die umrandeten Felder ergeben von oben nach unten gelesen eine wichtige Informationsschrift der Agentur für Arbeit für Ihre Berufswahl.

a) Sie versorgt die Buchwürmer.
b) Er redet nicht nur Blech.
c) Sie sorgt für den vollen Durchblick.
d) Sie schneidet alte Zöpfe ab.
e) Sie setzt auf Pferde.
f) Er bringt Farbe ins Leben.
g) Die Liebe geht ihr durch den Magen.
h) Er sorgt für Spannung.
i) Sie gibt gerne etwas her.
j) Er baut nicht auf Sand.
k) Sie lässt Blumen sprechen.
l) Er hat das Brett nicht vorm Kopf.

5.5 Berufe auf einen Blick

Berufsbild

Judith interessiert sich für die Ausbildung als Mechatronikerin. Sie informiert sich am BIZ sowie über Internetseiten über das Berufsbild:

Beruf:	Mechatroniker/-in
Berufsgruppe:	4 — Elektrotechnik
Ausbildungsdauer:	3.5 Jahre
Ausbildungsbereich:	Industrie
Bildungsweg:	Duale Berufsausbildung
Zusätzliche Berufsinfos:	Vgl. Text

Anforderungsprofil (wenig — viel)

Kunden beraten und betreuen	▫▫▫
Mit Technik umgehen:	▫▫▫▫▫▫▫▫▫
Mit EDV-Systemen umgehen:	▫▫▫▫▫▫
Arbeit selbstständig organisieren:	▫▫▫▫▫▫
Arbeitsabläufe kreativ gestalten	▫▫
Wirtschaftlich denken und handeln:	▫▫▫▫▫
Fremdsprachen anwenden	▫▫▫
Im Team arbeiten:	▫▫▫▫▫

Kernaufgabe:
Elektrische, mechanische, pneumatische und hydraulische Komponenten zusammenbauen, diese Anlagen und Geräte installieren, in Betrieb nehmen und instand halten.

Mechatroniker/Mechatronikerinnen arbeiten in der Montage und Instandhaltung von komplexen Maschinen, Anlagen und Systemen im Anlagen- und Maschinenbau bzw. bei den Abnehmern und Betreibern dieser Systeme.

Sie üben ihre Tätigkeiten an unterschiedlichen Einsatzorten, vornehmlich auf Montagebaustellen, in Werkstätten oder im Servicebereich unter Beachtung der einschlägigen Vorschriften und Sicherheitsbestimmungen selbstständig nach Unterlagen und Anweisungen aus. Dabei arbeiten sie häufig im Team. Sie stimmen ihre Arbeit mit vor- und nachgelagerten Bereichen ab.

Mechatroniker/Mechatronikerinnen sind im Sinne der Unfallverhütungsvorschriften Elektrofachkräfte.

Mechatroniker/Mechatronikerinnen
- planen und steuern Arbeitsabläufe, kontrollieren und beurteilen Arbeitsergebnisse und wenden Qualitätsmanagementsysteme an,
- bearbeiten mechanische Teile und bauen Baugruppen und Komponenten zu mechatronischen Systemen zusammen,
- installieren elektrische Baugruppen und Komponenten,
- messen und prüfen elektrische Größen,
- installieren und testen Hard- und Softwarekomponenten,
- bauen elektrische, pneumatische und hydraulische Steuerungen auf und prüfen sie,
- programmieren mechatronische Systeme,
- montieren und demontieren Maschinen, Systeme und Anlagen, transportieren und sichern sie,
- prüfen die Funktionen an mechatronischen Systemen und stellen sie ein,
- nehmen mechatronische Systeme in Betrieb und bedienen sie,
- übergeben mechatronische Systeme und weisen Kunden ein,
- führen die Instandhaltung mechatronischer Systeme durch.
- Sie arbeiten mit englischsprachigen Unterlagen und kommunizieren auch in englischer Sprache.

Quelle: in Anlehnung an: http://www.aubi-plus.de/berufsbilder/berufsbild.html?B_ID=13, AuBi-plus GmbH, Zugriff 15.09.2007

■ 1. Erstellen Sie ein ähnliches Berufsbild für Ihren Wunschberuf.

5.6 Worauf Ausbildungsbetriebe Wert legen

Anforderungen

Worauf achten Chefs?

Ausbildungsleiter einer Bank:
„Hätte jemand eine extreme Frisur, würde ich ihn darauf aufmerksam machen, dass der Haarschnitt geändert werden muss, auch Ohrringe bei Jungen sind problematisch. Wir suchen Leute, die ein verkäuferisches Geschick haben."

Ausbildungsleiter für Krankenpflege:
„Sie können gefärbte Haare haben und alte Jeans tragen, Hauptsache, sie sind hygienebewusst und riechen nicht. Man darf nicht egoistisch sein."

■ **1. Worauf achten die Chefs? Welche Erfahrungen haben Sie gemacht?**

_____

_____

_____

■ **2. Wie sind die gegensätzlichen Auffassungen der Ausbildungsleiter zu erklären?**

_____

_____

_____

Für die Ausbildungsbetriebe ist das äußere Erscheinungsbild ihrer Auszubildenden zwar von Bedeutung, aber noch wichtiger sind fachliche Qualifikationen und persönliche Eigenschaften.

Fachliche Qualifikation – das erwarten Arbeitgeber von Auszubildenden

Kaufmännischer Bereich		Gewerblich-technischer/ naturwissenschaftlicher Bereich	
1. Rechnen	95,7 %	1. Rechnen	92,9 %
2. Abschluss	94,3 %	2. Noten	90,0 %
3. Ausdruck	93,9 %	3. Abschluss	85,1 %
4. Rechtschreibung	91,3 %	4. Form der Bewerbung	68,4 %
5. Noten	90,0 %	5. Begründung der Bewerbung	68,3 %
6. Form der Bewerbung	86,3 %	6. Praktika	62,9 %
7. PC/EDV	64,8 %	7. Naturwissenschaften	51,2 %
8. Begründung der Bewerbung	62,0 %	8. Rechtschreibung	50,2 %
9. Praktika	48,4 %	9. Ausdruck	49,6 %
10. Sonstige Zeugnisse	42,2 %	10. Berufsspezifische Kenntnisse	43,6 %
11. Zusatzqualifikation	33,4 %	11. Zusatzqualifikation	33,4 %
12. Sozial-ökonomische Kenntnisse	29,5 %	12. Sonstige Zeugnisse	30,8 %
13. Berufsspezifische Kenntnisse	27,9 %	13. PC/EDV	22,8 %
14. Gesellschaftswissenschaftliche Fächer	25,3 %	14. Sozial-ökonomische Kenntnisse	18,1 %
15. Fremdsprachen	25,3 %	15. Gesellschaftswissenschaftliche Fächer	10,6 %
16. Naturwissenschaften	17,9 %	16. Fremdsprachen	7,5 %
17. Musische Fächer	6,1 %	17. Musische Fächer	6,6 %

Quelle: Institut der deutschen Wirtschaft, zit. in: Praxis testen, hg. vom Bundesverband deutscher Banken, Berlin 2. Aufl. 2003, S. 5

■ **3. Vergleichen Sie die Qualifikationsprofile.**
a) Wo sind sie gleich?

_____

b) Wo unterscheiden sie sich?

Persönliche Eigenschaften

Die Ausbildungsbetriebe erwarten von den Auszubildenden insbesondere folgende persönliche Eigenschaften:

- Selbstständiges Lernen
- Initiative
- Logisches Denken
- Motivation
- Konzentrationsfähigkeit
- Verantwortungsbewusstsein
- Leistungsbereitschaft
- Planvolles Arbeiten
- Teamfähigkeit
- Beständigkeit
- Zuverlässigkeit
- Einstellung zur Arbeit

■ 1. Führen Sie in Ihrer Lerngruppe eine Punktabfrage zu persönlichen Eigenschaften durch. Dazu haben Sie insgesamt 10 Punkte zur Verfügung; es dürfen bis zu 2 Punkte vergeben werden.

■ 2. Erstellen Sie ein Ranking, indem Sie Ihre Ergebnisse in die linken Kreise übertragen.

■ 3. Vergleichen Sie Ihr Ranking mit dem der Ausbildungsbetriebe nach einer Umfrage des Instituts der deutschen Wirtschaft (www.iwkoeln.de). Übertragen Sie die Umfrageergebnisse in die rechten Kreise.

■ 4. Diskutieren Sie über die Unterschiede und Gemeinsamkeiten.

Neue Technologien, neue Arbeitsorganisationen und neue Märkte verlangen nach neuen Qualifikationen. Das einmal erworbene Wissen veraltet. Das Tempo dieser Entwicklung nimmt zu. Nur wer in der Lage ist, sich ständig auf die beruflichen Neuerungen einzustellen und bereit ist, **lebenslang zu lernen**, wird seine Erwerbstätigkeit auf Dauer absichern können. Solche Fähigkeiten werden **Schlüsselqualifikationen** genannt. Sie sind die Grundlage für jeden Beruf.

Ziel der Berufsausbildung ist eine umfassende berufliche **Handlungskompetenz**. Die Auszubildenden sollen dazu befähigt werden, berufliche Handlungssituationen selbstständig zu bewältigen.

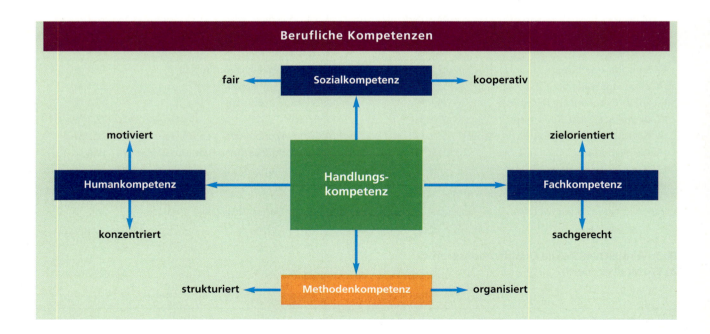

■ 5. Erläutern Sie an Beispielen die verschiedenen beruflichen Kompetenzen.

5.7 Einen Betrieb erkunden

Betriebserkundung

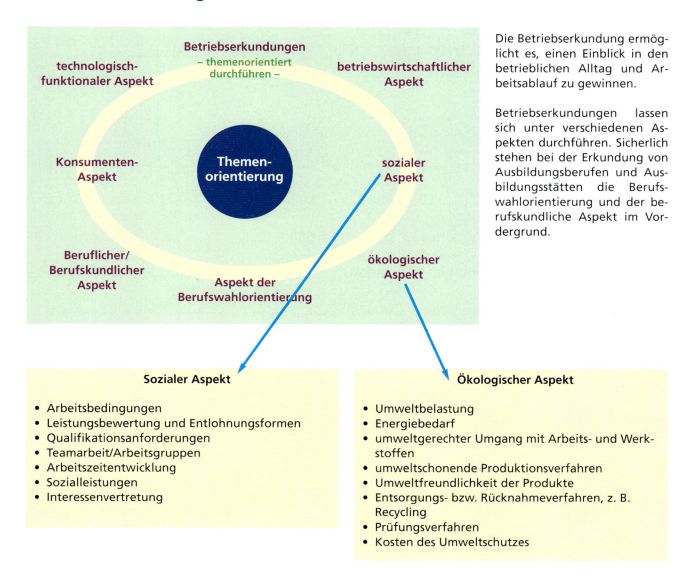

Die Betriebserkundung ermöglicht es, einen Einblick in den betrieblichen Alltag und Arbeitsablauf zu gewinnen.

Betriebserkundungen lassen sich unter verschiedenen Aspekten durchführen. Sicherlich stehen bei der Erkundung von Ausbildungsberufen und Ausbildungsstätten die Berufswahlorientierung und der berufskundliche Aspekt im Vordergrund.

Sozialer Aspekt

- Arbeitsbedingungen
- Leistungsbewertung und Entlohnungsformen
- Qualifikationsanforderungen
- Teamarbeit/Arbeitsgruppen
- Arbeitszeitentwicklung
- Sozialleistungen
- Interessenvertretung

Ökologischer Aspekt

- Umweltbelastung
- Energiebedarf
- umweltgerechter Umgang mit Arbeits- und Werkstoffen
- umweltschonende Produktionsverfahren
- Umweltfreundlichkeit der Produkte
- Entsorgungs- bzw. Rücknahmeverfahren, z. B. Recycling
- Prüfungsverfahren
- Kosten des Umweltschutzes

■ 1. Bereiten Sie eine Betriebserkundung vor, indem Sie sich auch mit den anderen Aspekten auseinandersetzen. Notieren Sie die wichtigsten betriebswirtschaftlichen Aspekte, die Sie bei Ihrer Erkundung beobachten wollen.

Betriebswirtschaftlicher Aspekt

- Ziel und Zweck des Betriebs
- _____
- _____
- _____
- _____
- _____

Betriebserkundungsbogen

Schule: _____

BETRIEBSERKUNDUNGSBOGEN

Name: _____

Klasse: _____

Betrieb: _____

Ansprechpartner:

Straße: _____

Tel.: _____

Ort: _____

Fax: _____

Web-Seite: _____

E-Mail: _____

1. Was stellt der Betrieb her, was verkauft er, welche Dienstleistungen bietet er an?

   _____

2. a) Wie viele Beschäftigte hat der Betrieb? _____

   b) Wie viele Auszubildende lernen im Betrieb? _____

3. An wen liefert/verkauft der Betrieb? Wer nimmt seine Dienstleistungen in Anspruch?

   _____

4. Welche Berufe gibt es im Betrieb?

   _____

5. In welchen Berufen bildet der Betrieb aus?

Beruf	Ausbildungsdauer	Voraussetzungen

6. Hat der Betrieb bereits Schüler/innen aus dem Berufsvorbereitungsjahr/ Berufsgrundbildungsjahr/der Berufsfachschule eingestellt?

   ☐ ja, mit welchen Erfahrungen?

   ☐ nein

Erkundungen am Arbeitsplatz

1. Welche Tätigkeit/welchen Beruf üben Sie aus?

   _____

2. Woran arbeiten Sie gerade?

   _____

3. Welche Arbeit machen Sie sonst noch?

   _____

4. Welche besonderen Fähigkeiten sind für Ihre Tätigkeit notwendig?

   _____

5. Was macht Ihnen bei Ihrer Arbeit am meisten Spaß?

   _____

6. Was gefällt Ihnen an Ihrer Arbeit nicht so gut?

   _____

7. a) Wie viele Stunden arbeiten Sie am Tag? _____

   b) Wie viele Stunden arbeiten Sie in der Woche? _____

8. Wie werden Sie entlohnt?

   ☐ Stundenlohn   ☐ Monatslohn   ☐ Akkordlohn

9. Arbeitsplatzcheckliste

   ☐ Tätigkeit im Freien   ☐ Gruppenarbeit

   ☐ Tätigkeit in der Halle   ☐ Fließband

   ☐ Tätigkeit im Büro   ☐ Lärm

   ☐ Tätigkeit im Laden   ☐ Hektik

   ☐ stehende Tätigkeit   ☐ Hitze

   ☐ sitzende Tätigkeit   ☐ Staub, Schmutz

   ☐ Einzelarbeit   ☐ körperlich anstrengend

5.8 Einen Ausbildungsvertrag abschließen
Ausbildungsvertrag

Industrie- und Handelskammer für die Pfalz
Ludwigsplatz 2-4; 67059 Ludwigshafen Tel.: 0621/5904-1712, -1713

Antrag auf Eintragung (Seite A-1 von A-2)
in das Verzeichnis der Berufsausbildungsverhältnisse
zum nachfolgenden Berufsausbildungsvertrag

Bitte die hinterlegten Felder ausfüllen bzw. ankreuzen

Zwischen dem Ausbildenden (Ausbildungsbetrieb) und der/dem Auszubildenden

- Firmenident-Nr.:
- Tel.-Nr.:
- Name und Anschrift
- Verantwortlicher Ausbilder: Herr / Frau / geboren am:

- Name, Vorname — männlich / weiblich
- Straße, Haus-Nr.
- PLZ / Ort
- Geburtsdatum / Geburtsort
- Staatsangehörigkeit / Gesetzl. Vertreter *) / Eltern / Vater / Mutter / Vormund
- Namen, Vornamen der gesetzl. Vertreter
- Straße, Hausnummer
- PLZ / Ort

wird nachstehender Vertrag zur Ausbildung im Ausbildungsberuf
mit der Fachrichtung/dem Schwerpunkt

Nach Maßgabe der Ausbildungsordnung geschlossen.

Vom Auszubildenden zuletzt besuchte Schulart / Schulabschluss

Für den Ausbildungsberuf zuständige Berufsschule

A Die Ausbildungsdauer beträgt nach der Ausbildungsordnung ___ Monate. Vorausgegangen ist eine Vorbildung/Ausbildung

Sie soll auf die Ausbildungszeit mit ___ Monaten angerechnet werden. Es wird eine entsprechende Abkürzung beantragt.
Das Berufsausbildungsverhältnis (TT.MM.JJ):
beginnt am ___ und soll am ___ enden.

B Die Probezeit beträgt **4** Monate *).

C Die Ausbildung findet vorbehaltlich der Regelungen nach **D** in ___
und den mit dem Betriebssitz für die Ausbildung üblicherweise zusammenhängenden Bau-, Montage- und sonstigen Arbeitsstellen statt.

D Ausbildungsmaßnahmen (mit Zeitraumangabe und Ort) außerhalb der Ausbildungsstätte

E Der Ausbildende zahlt dem Auszubildenden eine angemessene Vergütung; diese beträgt zur Zeit monatlich brutto (Euro)

EUR				
	Im ersten	im zweiten	im dritten	im vierten

Ausbildungsjahr
*) Die Probezeit muss mindestens 1 Monat und darf höchstens 4 Monate betragen

F Die regelmäßige tägliche/wöchentliche Ausbildungszeit beträgt ___ Std.

G Der Ausbildende gewährt dem Auszubildenden Urlaub nach den geltenden Bestimmungen. Es besteht folgender Urlaubsanspruch:

im Jahr...				
Arbeitstage (Mo-Fr)				
Werktage (Mo-Sa)				

H Sonstige Vereinbarungen
Die für diesen Vertrag geltenden Tarifverträge und Betriebsvereinbarungen sind in der Anlage verzeichnet.

Der Antrag auf Eintragung gemäß der Seiten A-1 **und** A-2 wird gestellt.
Die Richtigkeit und Vollständigkeit der gemachten Angaben wird bestätigt.

Ort / Datum

Stempel und Unterschrift des Ausbildenden (Firma)

1. Vertretungsberechtigt sind beide Eltern gemeinsam, soweit nicht die Vertretungsberechtigung nur einem Elternteil zusteht. Ist ein Vormund bestellt, so bedarf dieser zum Abschluss des Ausbildungsvertrages der Genehmigung des Vormundschaftsgerichtes.
2. Bei noch nicht 18 Jahre alten Personen sind die Vorschriften des Jugendarbeitsschutzgesetzes zu beachten (u.a. ärztl. Erstuntersuchung). Soweit die tägliche Ausbildungszeit durch Tarifvertrag oder Betriebsvereinbarung abweichend geregelt ist, gilt die tariflich vereinbarte Ausbildungszeit.

Einen Ausbildungsvertrag abschließen **I** Ausbildungsvertrag **77**

■ Im Ausbildungsvertrag treffen die Vertragspartner wichtige Vereinbarungen. Finden Sie mithilfe des abgebildeten Berufsausbildungsvertrags die wesentlichen Inhalte heraus. Beantworten Sie dazu die folgenden Fragen.

1. Was ist die gesetzliche Grundlage des Berufsausbildungsvertrags?

2. Die Vertragspartner hießen früher Lehrling und Lehrherr. Wie werden sie heute genannt?

3. Wie lange dauert die Ausbildung?

4. Wie lange dauert die Probezeit?

5. Was bedeutet die Vereinbarung unter Punkt D?

6. Was wird unter Punkt E vereinbart?

7. Wie lange ist die tägliche Ausbildungszeit?

8. Was wird unter Punkt G vereinbart?

9. Wer hat den Vertrag unterschrieben?

10. Wann müssen die Eltern eines Auszubildenden den Vertrag mit unterschreiben?

Auszüge aus dem Berufsbildungsgesetz (BBiG)

§ Der Ausbildende hat unverzüglich nach Abschluss des Berufsausbildungsvertrages, spätestens vor Beginn der Berufsausbildung, den wesentlichen Inhalt des Vertrages schriftlich niederzulegen

§ Nach der Probezeit kann das Berufsausbildungsverhältnis nur gekündigt werden,
1. aus einem wichtigen Grund ohne Einhaltung einer Kündigungsfrist,
2. vom Auszubildenden mit einer Kündigungsfrist von vier Wochen, ...
Die Kündigung muss schriftlich ... erfolgen.

§ Während der Probezeit kann das Berufsausbildungsverhältnis jederzeit ohne Einhaltung einer Kündigungsfrist gekündigt werden.

§ Der Ausbildende hat dem Auszubildenden eine angemessene Vergütung zu gewähren.

§ Die Ausbildungsordnung kann festlegen, dass die Berufsausbildung in geeigneten Einrichtungen außerhalb der Ausbildungsstätte durchgeführt wird, wenn und soweit es die Berufsausbildung erfordert.

5.9 Wer Rechte hat, hat auch Pflichten

Rechte und Pflichten des Auszubildenden

Im Berufsbildungsgesetz sind für beide Vertragsparteien des Ausbildungsvertrags die Rechte und Pflichten geregelt. Aus den Rechten des oder der Auszubildenden ergeben sich jeweils die Pflichten des Ausbildenden. Bereits während der Probezeit haben die Auszubildenden und der Ausbildungsbetrieb alle Rechte und Pflichten, die für das Berufsausbildungsverhältnis gelten.

§ Bestimmungen aus dem Berufsbildungsgesetz

1 Der Ausbildende hat für eine qualifizierte Ausbildung zu sorgen.

2 Dem Auszubildenden dürfen nur Arbeiten übertragen werden, die dem Ausbildungszweck dienen und seine körperlichen Kräfte nicht überfordern.

3 Der Ausbildende muss den Auszubildenden zum Besuch der Berufsschule freistellen.

4 Der Auszubildende muss ein Berichtsheft führen, wenn dies verlangt wird.

5 Der Auszubildende hat nach Beendigung der Ausbildung einen Anspruch auf ein Zeugnis.

6 Der Auszubildende muss sich bemühen, das Ausbildungsziel zu erreichen.

7 Der Auszubildende hat die ihm aufgetragenen Arbeiten sorgfältig auszuführen.

8 Der Ausbildende muss die Werkzeuge kostenlos zur Verfügung stellen.

9 Der Auszubildende hat den Weisungen des Ausbilders Folge zu leisten.

10 Der Auszubildende muss für Prüfungen freigestellt werden.

11 Der Auszubildende ist verpflichtet, die Berufsschule zu besuchen.

12 Werkzeuge, Maschinen und andere Einrichtungen sind sorgfältig und pfleglich zu behandeln.

13 Über Betriebs- und Geschäftsgeheimnisse muss Stillschweigen gewahrt werden.

14 Der Auszubildende hat Anspruch auf eine angemessene Vergütung.

■ 1. Sortieren Sie die Bestimmungen aus dem Berufsbildungsgesetz nach Rechten und Pflichten des Auszubildenden. Tragen Sie dazu die Nummern der einzelnen Bestimmungen in die Spalten ein.
Wenn Sie richtig zugeordnet haben, ergibt die Summe der Rechte die Zahl 43, die Summe der Pflichten die Zahl 62.

Rechte des Auszubildenden

_____ + _____ + _____ + _____ + _____ + _____ + _____ = _____

Pflichten des Auszubildenden

_____ + _____ + _____ + _____ + _____ + _____ + _____ = _____

Wer Rechte hat, hat auch Pflichten | Rechte und Pflichten des Auszubildenden | 79

■ 1. Hat der Chef immer Recht?
Entscheiden Sie, ob in den folgenden Fällen der Chef gegen Bestimmungen des Berufsbildungsgesetzes verstößt.
Wenn Sie fünfmal mit „ja" geantwortet haben, liegen Sie richtig.

Fall		
A	Der Ausbildungsbetrieb hat wichtige Terminarbeiten. Michael muss deshalb im Betrieb bleiben und kann die Berufsschule nicht besuchen.	
B	Bernd lernt Maurer. Der Chef weist ihn darauf hin, dass er sich einen Schutzhelm kaufen muss.	
C	Der Chef verlangt von Mehmet, dass er seinen Arbeitsplatz aufräumt und säubert.	
D	Nicole soll für eine erkrankte Arbeiterin für zwei Wochen am Fließband aushelfen.	
E	Sandra hat ihre Ausbildung beendet und benötigt für eine Bewerbung ein Ausbildungszeugnis. Der Chef weist sie ab und verweist auf den Gesellenbrief und das Berufsschulzeugnis.	
F	Der Ausbildungsleiter will Andreas für drei Wochen auf eine überbetriebliche Ausbildung schicken.	
G	Jan wird während der viermonatigen Probezeit ohne Angabe von Gründen entlassen.	
H	Lars hat die Berufsschule „geschwänzt". Der Chef zieht ihm deshalb einen Urlaubstag ab.	
I	Vanessas Chefin verbietet ihr, über die Höhe ihres Weihnachtsgeldes mit anderen Auszubildenden zu reden.	
J	Aus Verärgerung hat Boris sein Werkzeug auf den Boden geworfen und beschädigt. Der Chef zieht ihm die Reparaturkosten von der Ausbildungsvergütung ab.	

6 Versicherungen

6.1 Von Anfang an versichert

Sozialversicherung und private Vorsorge

Alice Patenge kann sich freuen. Sie hat einen Ausbildungsplatz gefunden und kann ihren Wunschberuf als Holzmechanikerin erlernen. Der Ausbildungsvertrag mit dem Ausbildungsbetrieb ist auch schon unterzeichnet. Nach der Vertragsunterzeichnung hat der Personalchef Alice darauf hingewiesen, dass sie noch einige Unterlagen einreichen muss. Alice hat sich dazu einige Notizen gemacht:

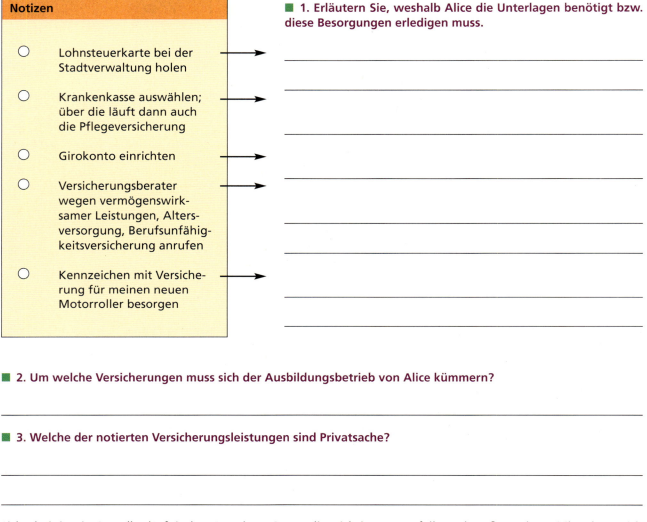

Notizen
- Lohnsteuerkarte bei der Stadtverwaltung holen
- Krankenkasse auswählen; über die läuft dann auch die Pflegeversicherung
- Girokonto einrichten
- Versicherungsberater wegen vermögenswirksamer Leistungen, Altersversorgung, Berufsunfähigkeitsversicherung anrufen
- Kennzeichen mit Versicherung für meinen neuen Motorroller besorgen

■ 1. Erläutern Sie, weshalb Alice die Unterlagen benötigt bzw. diese Besorgungen erledigen muss.

■ 2. Um welche Versicherungen muss sich der Ausbildungsbetrieb von Alice kümmern?

■ 3. Welche der notierten Versicherungsleistungen sind Privatsache?

Sicherheit ist ein Grundbedürfnis des Menschen. Gegen die wichtigsten Notfälle und großen Lebensrisiken kann sich der Einzelne kaum alleine absichern. Deshalb gibt es die gesetzliche Sozialversicherung. Sie ist eine Pflichtversicherung. Zu ihr zählen die folgenden fünf Versicherungszweige:

- Krankenversicherung
- Rentenversicherung
- Arbeitslosenversicherung
- Pflegeversicherung
- Unfallversicherung

Art. 20 des Grundgesetzes: Sozialstaatsgebot
Die Bundesrepublik Deutschland ist ein demokratischer und sozialer Bundesstaat.

Im Alltag verbleibt eine Reihe von Gefahren, gegen die sich der Einzelne nur privat absichern kann. Dabei gilt, dass anders als bei der Sozialversicherung unterschiedliche Risiken auch unterschiedliche Beiträge zur Folge haben. Außerdem wird es immer wichtiger, die Sozialversicherung durch private Absicherungen und Vorsorge zu ergänzen.

6.2 Pflichtversichert

System der Sozialversicherung

■ 1. Ergänzen Sie die Abbildungen, indem Sie
a) zu den Abbildungen die entsprechenden Sozialversicherungszweige notieren,
b) die Sätze ergänzen und die Fragen beantworten.
Informationen hierzu finden Sie z. B. im Internet unter www.deutsche-sozialversicherung.de

**Alles unter einem Dach –
Das System der Sozialversicherung**

hilft bei _____

hilft bei _____

hilft bei _____

Wer ist versichert?

_____

_____

_____

_____

_____

_____

hilft bei _____

hilft bei _____

Wer zahlt die Beiträge?

_____

_____

Das System der Sozialversicherung basiert auf dem **Prinzip der Solidarität**. Solidarität ist die Bereitschaft der Leistungsfähigeren zur Unterstützung der sozial Schwächeren. Die Gesunden helfen den Kranken und Pflegebedürftigen, die Arbeitenden den Arbeitslosen, die Jungen den Alten. Die Beiträge in der Sozialversicherung sind nicht nach dem Risiko gestaffelt, sondern richten sich nach dem Einkommen.
Diese Solidarität erfordert eine Pflichtversicherung, die alle Arbeitnehmer in die Sozialversicherung einbezieht. Die Pflichtversicherung sichert das Recht auf Leistung bei Krankheit, Unfall und im Alter.

6.3 Was ist versichert?

Leistungen der Sozialversicherung

- 1. Ordnen Sie die Leistungen in die richtigen Karteikästen ein. Beschriften Sie die Karteikarten mit den Leistungen.
- 2. Notieren Sie auf den Karteikästen die aktuellen Beitragssätze (Stand: 2008).

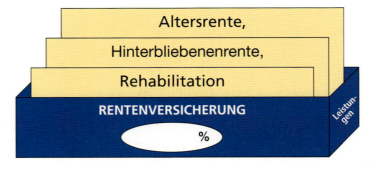

Was ist versichert? | Leistungen der Sozialversicherung 83

Informationen finden Sie z. B. unter folgenden Internetadressen:
www.bmas.bund.de   www.arbeitsagentur.de   www.deutsche-rentenversicherung-bund.de
www.deutsche-rentenversicherung.de   www.unfallkassen.de

6.4 Sich privat zusatzversichern

Private Altersvorsorge

■ 1. Wer ist mit dem Untermann gemeint?

■ 2. Wen trägt er auf seinen Schultern?

■ 3. Die Nummer heißt „Generationenvertrag". Erklären Sie dieses dargestellte Prinzip der Rentenversicherung.

■ 4. Welche Entwicklung will der Zeichner mit dem Hinweis „Künstleragentur" kritisieren?

■ 5. Welche Konsequenzen sollten Sie aufgrund der Probleme mit der gesetzlichen Rentenversicherung ziehen?

■ 6. Deutschland ist eine alternde Gesellschaft. Während im Jahr 2001 noch 20,9 Prozent jünger als 20 Jahre waren, sind es 2020 nur mehr 17,6 und 2050 16,1 Prozent der Bevölkerung. Der Anteil der 20 bis 59 Jahre alten Menschen wird 2020 53,3 und 2050 nur noch 47,2 Prozent betragen. 2001 waren es 55 Prozent. 24,1 Prozent der Bevölkerung war 2001 60 Jahre und älter. Dieser Anteil wird auf 29,2 Prozent im Jahr 2020 anwachsen und 2050 sogar 36,7 Prozent betragen.

Stellen Sie diese Entwicklung in einem Diagramm grafisch dar.

Die „Riester-Rente" ist eine private Altersvorsorge auf freiwilliger Basis, mit der die persönliche Vorsorgelücke der gesetzlichen Rentenversicherung geschlossen werden kann. Während des aktiven Arbeitslebens werden Beiträge in eine private Rentenversicherung, einen Banksparplan oder einen Fonds eingezahlt. Hinzu kommen staatliche Zulagen und Steuerfreibeträge. Die Riester-Anlagen sind behördlich zertifiziert, sodass der Versicherer die Rückzahlung mindestens in Höhe der eingezahlten Beiträge sowie eine Mindestverzinsung garantiert. Anspruch auf die staatliche Förderung haben alle gesetzlich rentenversicherten Arbeitnehmer, alle Beamten, Soldaten und Zivildienstleistende, Eltern im Erziehungsurlaub, freiwillig gesetzlich Rentenversicherte und Arbeitslose.

Was für die Rentenversicherung gilt, wird auch für die Krankenversicherung immer wichtiger. Durch eine private Krankenzusatzversicherung kann die gesetzliche Krankenversicherung sinnvoll ergänzt werden.

Private Risiken absichern | Individualversicherung 85

6.5 Private Risiken absichern

Individualversicherung

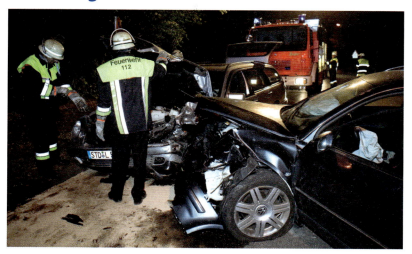

■ 1. Welche Versicherung bezahlt den Schaden? _____

■ 2. Nennen Sie Gründe, weshalb diese Versicherung für alle motorisierten Verkehrsteilnehmer Pflicht ist.

_____

> Gegen viele Gefahren im Alltag muss sich der Einzelne privat absichern. Sachversicherungen bieten Schutz bei Sachschäden. Personenversicherungen versichern Personen und deren Hinterbliebene.

■ 3. Gegen welche Schäden und Risiken sichern die folgenden Versicherungen ab? Ordnen Sie die Fälle den Versicherungen zu, indem Sie die Balken der linken Grafik mit den Kästchen der verschiedenen Versicherungen rechts durch Pfeile verbinden.

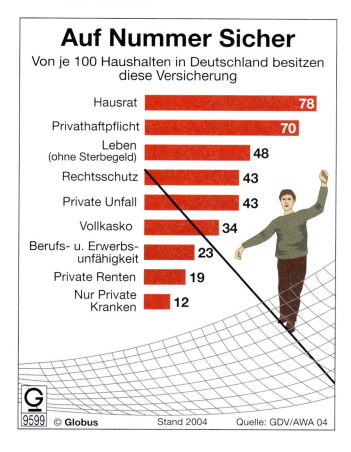

- ☐ Anwaltskosten bei Prozessen
- ☐ Kapitalanlage im Alter
- ☐ Schäden, die man anderen zufügt
- ☐ Krankheit, die zur Berufsaufgabe zwingt
- ☐ Wasserschaden
- ☐ Zahnersatz
- ☐ Autounfall mit Neuwagen
- ☐ Absicherung von Angehörigen
- ☐ Diebstahl
- ☐ Hagelschaden
- ☐ Zusatzeinkommen im Alter
- ☐ Feuer

6.6 Vorsicht Falle

Versicherungspolice

„… versichert gegen Hundebisse jeder Art; ausgenommen sind lediglich
a) Bisse von männlichen Hunden
b) Bisse von weiblichen Hunden.
Kastrierte Hunde fallen nicht unter den Begriff Hund …"

Versicherungsverträge haben manchmal ihre Tücken. Diese werden oft erst im Versicherungsfall sichtbar. Deshalb sollten bei Versicherungsverträgen einige Punkte beachtet werden.

■ 1. Setzen Sie die passenden Schrifthälften zusammen. Richtig zusammengesetzt ergeben die Kontrollbuchstaben den Fachbegriff für Versicherungsverträge.

a) Prüfen Sie, …

b) Holen Sie sich mehrere Angebote ein, …

c) Bevor Sie einen Vertrag unterschreiben, …

d) Die Laufzeit des Vertrags sollte …

e) Sie können kündigen, …

f) Wer den Beitrag nicht rechtzeitig zahlt, …

Der Versicherungsombudsmann ist eine private, unabhängige und kostenlose Schlichtungsstelle für Beschwerden von Verbrauchern gegen ihre Versicherungsunternehmen.

Verbraucher können kostenlos um Hilfe bitten:
Versicherungsombudsmann
Kronenstraße 13
10006 Berlin
Tel. 01804/224424
beschwerde@versicherungsombudsmann.de

Für die Krankenversicherung:
www.pkv-ombudsmann.de

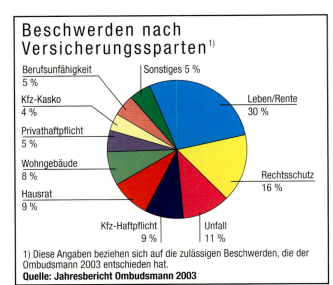

7 Wahlen

7.1 Sich einmischen?

Schluss mit dem Koma-Saufen!

Politiker fordern ein absolutes Alkoholverbot für Jugendliche (...) Richtig so! (...) Danke! (...) Wir, das sind all jene, die sich jeden Samstagmorgen vor dem Erbrochenen in den S-Bahnen, auf und zwischen den Sitzen, im Gang und auf den Bahnsteigen ekeln. Die sich an diesen Morgenden zwischen den Scherben zerschlagener Bierflaschen hindurchtasten.

Wir, das sind auch die Ärzte und Krankenschwestern, die in der Notaufnahme durch Alkohol vergiftete junge Körper wiederbeleben müssen. Nicht immer gelingt es. Ein Junge der etwa 50 Gläser Tequila getrunken hat, liegt in einer Berliner Klinik im Koma. Endlich hat es ein Politiker gewagt, eines der erschreckendsten Phänomene unserer Zeit zu thematisieren. Unsere Jugendlichen ertränken ihren gerade erst erwachenden Verstand im Alkohol.

Getrunken wurde immer. Das ist wahr. Aber das Ausmaß dieser Exzesse, wie sie heute in Kneipen, auf Partys und sogar auf Schulhöfen stattfinden, ist neu. Und sie sind erschütternd und widerlich zugleich. „Komasaufen" nennen die Jugendlichen das. Oder auch „Saufen, bis der Arzt kommt". Einige Wirte bieten inzwischen sogenanntes Flatrate-Saufen an. Für einen bestimmten Betrag können die jungen Leute trinken, bis sie umfallen. Ein perverses Geschäft. Ein Geschäft, das man verbieten muss! (…)

Warum zerstören diese jungen Menschen ihre Körper? Warum wollen sie ihren Verstand ausschalten, sich betäuben, abtauchen in einen Zustand dumpfer Zurechnungslosigkeit. Wer denkt, das Problem sei sozial eingrenzbar, typisch Unterschicht oder so, der irrt. Gesoffen wird von der Hauptschule bis hin zu den Abiturklassen.

Wenn wir das „Warum" nicht erklären können, hilft es wenig, den jungen Menschen den Schnapshahn zuzudrehen. Die Jugend braucht eine Zukunft. Sie braucht die Gewissheit, dass es eine Zukunft gibt. Dazu braucht es Lehrstellen, Studienplätze und Jobs. Und es braucht Eltern, Politiker, die ihnen zeigen, wie man positiv ins Leben geht, und wie man es für sich gewinnt. Dieses Land braucht Optimismus.

Quelle: www.welt.de/politik/article759055/Schluss_mit_dem_Koma-Saufen.html, Günther Ladmann, 13.03.2007

■ 1. Stimmen Sie der Meinung des Zeichners über die Jugend von heute zu?

■ 2. Was hat das Problem Alkoholmissbrauch bei Jugendlichen mit Politik zu tun?

■ 3. Soll es für junge Menschen unter 18 Jahren ein generelles Alkoholverbot geben? (Begründung!)

Stimme zu …	Stimme nicht zu …

7.2 Wer soll entscheiden?

Direkte Demokratie

■ **1. Erläutern Sie den Inhalt der Zeichnung.**

Der Begriff „Demokratie" (von griechisch demos: Volk; und kratein: herrschen) bedeutet „Volksherrschaft". Nicht einfach ein König oder eine kleine Gruppe soll allen sagen, wo es lang geht und was als Recht gelten soll. Nein, das ganze Volk soll das tun können.
Im antiken Athen trafen sich die Bürger auf dem Marktplatz (Agora) und berieten darüber, was als Recht in ihrem Stadtstaat (Polis) gelten soll. Anschließend wurde darüber in der Volksversammlung abgestimmt. Eine solche Form der Herrschaftsausübung wird als direkte, unmittelbare oder auch plebiszitäre Demokratie bezeichnet. Auch heute noch gibt es auf vielen Ebenen die Möglichkeit einer Volksabstimmung!

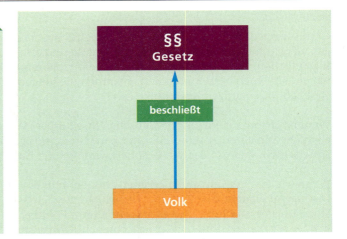

■ **2. Was will der Zeichner zum Thema Volksentscheid zum Ausdruck bringen?**
■ **3. Diskutieren Sie Pro und Kontra einer direkten Demokratie.**

Pro
Kontra

Indirekte Demokratie

Volksabstimmungen nehmen viel Zeit und Geld in Anspruch. Deshalb wählt in modernen Demokratien das Volk Repräsentanten, die stellvertretend die Gesetze beraten und beschließen. Sie können sich voll auf die politische Arbeit konzentrieren und sich intensiv auch mit schwierigen politischen Sachverhalten auseinandersetzen. Dies würde den durchschnittlichen Bürger in der Regel überfordern, sodass er auf diesem Weg auch eine Entlastung erfährt. Eine solche Form der Herrschaftsausübung wird als indirekte, mittelbare oder auch repräsentative Demokratie bezeichnet.

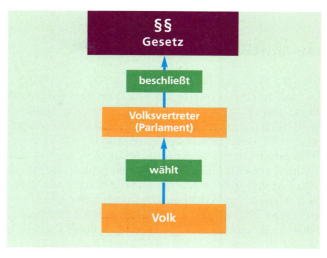

Das Deutsche Parlament
Die Bundesgesetze werden vom Bundestag beschlossen.
Grundgesetz Art. 38 (1)
Die Abgeordneten des Deutschen Bundestages werden ... gewählt. Sie sind Vertreter des ganzen Volkes, an Aufträge und Weisungen nicht gebunden und nur ihrem Gewissen unterworfen.
Grundgesetz Art. 48 (3)
Die Abgeordneten haben Anspruch auf eine angemessene, ihre Unabhängigkeit sichernde Entschädigung. Sie haben das Recht der freien Benutzung aller staatlichen Verkehrsmittel.
Grundgesetz Art. 48 (3)

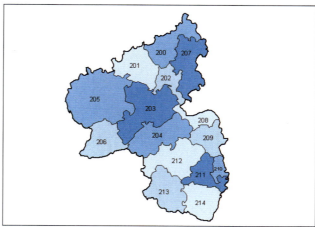

■ 1. Wer vertritt Ihren Wahlkreis im Deutschen Bundestag?
■ 2. Erläutern Sie die Rolle eines Bundestagsabgeordneten.

■ 3. Auf welche Gefahr macht die Zeichnung aufmerksam?
■ 4. Diskutieren Sie Pro und Kontra einer indirekten Demokratie.

Pro
Kontra

7.3 Machtmissbrauch verhindern

Gewaltenteilung

„... das Prinzip der Teilung der Gewalten ... Was bedeutet dieses Prinzip? Es bedeutet, dass die drei Staatsfunktionen, Gesetzgebung, ausführende Gewalt und Rechtsprechung, in den Händen gleichgeordneter, in sich verschiedener Organe liegen, und zwar deswegen in den Händen verschiedener Organe liegen müssen, damit sie sich gegenseitig kontrollieren und die Waage halten können. Diese Lehre hat ihren Ursprung in der Erfahrung, dass, wo auch immer die gesamte Staatsgewalt sich in den Händen eines Organes nur vereinigt, dieses Organ die Macht missbrauchen wird ..." (Carlo Schmid – SPD)

Quelle: http://www.gewaltenteilung.de/richter2.htm#schm

■ 1. Weshalb ist es für den Erhalt der Demokratie wichtig, dass die Staatsgewalten getrennt sind?

_____

_____

■ 2. Setzen Sie die richtigen Begriffe ein.

1. Wie heißt das Exekutivorgan?
2. Welcher Staatsgewalt ist das Parlament zuzuordnen?
3. Welche Staatsgewalt verkörpert die Gerichtsbarkeit?
4. Welches Staatsorgan wählt die Regierung?
5. Welches Staatsorgan verkörpert die Gesetzgebung?

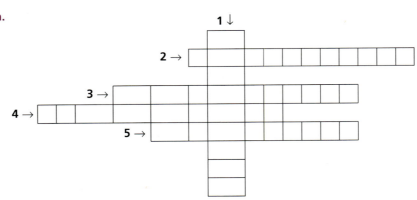

■ 3. Interpretieren Sie die Karikatur.

7.4 Schule geht uns an

Schülermitverantwortung

Niemand wird als Demokrat geboren, Demokratie lässt sich nicht theoretisch erlernen und nur, wenn jemand das Grundgesetz auswendig kann, heißt dies noch lange nicht, dass er danach handelt. Doch gerade weil es in unserer Gesellschaft darauf ankommt, Demokratie zu leben, Entscheidungen demokratisch zu fällen und Konflikte demokratisch zu regeln, brauchen wir auch eine demokratische Schule, um eben dieses zu üben.

Quelle: Wenzlaff, Karsten, Kampagne ICH WILL WÄHLEN, http://www.ichwillwählen.de/inhalt.de/durchwahl.pdf, S. 12, 10.10.2007

■ 1. Beziehen Sie zu der Aussage Stellung:

■ 2. Wo sehen Sie Möglichkeiten und Grenzen der Mitbestimmung von Schülern in der Schule?

Möglichkeiten	Grenzen

§ 28 (1) Die Klassenversammlung hat die Aufgabe, in allen Fragen der Schülervertretung, die sich bei der Arbeit der Klasse ergeben, zu beraten und zu beschließen; sie fördert die Zusammenarbeit zwischen den Schülern und den Lehrern der Klasse. Der Klassenleiter unterrichtet die Klassenversammlung über Angelegenheiten, die für die Klasse von Bedeutung sind.
§ 28 (2) Die Klassenversammlung besteht aus den Schülern der Klasse. Sie wählt aus ihrer Mitte den Klassensprecher. Der Klassensprecher vertritt die Schüler der Klasse gegenüber dem Klassenleiter, den sonstigen Lehrern der Klasse und dem Schulleiter.
§ 29 (1) Die Klassensprecherversammlung ist für alle Fragen der Schülervertretung zuständig, welche die Schule in ihrer Gesamtheit angehen. Der Schulleiter unterrichtet die Klassensprecherversammlung über Angelegenheiten, die für die Schule von allgemeiner Bedeutung sind.
§ 29 (2) Die Klassensprecherversammlung besteht aus den Klassensprechern aller Klassen der Schule. Sie wählt aus den Schülern den Schülersprecher und dessen Stellvertreter oder einen aus dem Schülersprecher und in der Regel bis zu zwei Stellvertretern bestehenden Vorstand der Schülervertretung. Der Schülersprecher ist der Vorsitzende der Klassensprecherversammlung. Er vertritt allein oder, im Fall der Wahl eines Vorstands der Schülervertretung, gemeinsam mit seinen Stellvertretern die Klassensprecherversammlung.
§ 29 (3) An berufsbildenden Schulen, die mehrere Schulformen umfassen, bestehen Klassensprecherversammlungen für die jeweiligen Schulformen; die Klassensprecherversammlungen wählen jeweils aus ihrer Mitte einen Vorsitzenden. Die Vorsitzenden der Klassensprecherversammlung und ihre Vertreter wählen aus ihrer Mitte den Schülersprecher.
§ 29 (4) Die Schülerversammlung berät im Einzelfall über schulische Angelegenheiten, die für die Schüler von besonderer Bedeutung sind.

Quelle: Landesgesetz über die Schule in Rheinland-Pfalz vom 06. November in der Fassung des 9. Änderungsgesetzes vom 10. Januar 1996

■ 3. Zeichnen Sie ein Schaubild über den Aufbau der Schülervertretung in Rheinland-Pfalz.

Faire Wahlen | Wahlgrundsätze

7.5 Faire Wahlen

Wahlgrundsätze

„Wir sind nicht gegen freie Wahlen – wir wählen jeden Tag!"

Wahlen verschaffen dem Bürger die Möglichkeit,
- sich am politischen Prozess zu beteiligen (Partizipationsfunktion),
- andere zur Ausübung politischer Macht zu berechtigen (Legitimationsfunktion) und
- die derzeit Herrschenden wieder abzusetzen (Kontrollfunktion).

Voraussetzung:
- Es gibt mehrere unterschiedliche Wahlvorschläge.
- Alle Bewerber haben die gleiche Chance sich bekannt zu machen.
- Die Stimmabgabe ist geheim.
- Die Wahlen werden in Zeitabständen wiederholt.

■ 1. Was will der Zeichner zum Thema Wahlen zum Ausdruck bringen?

■ 2. Welche Aufgaben erfüllen die Wahlen in einer Demokratie?

■ 3. Welche Bedingungen müssen gegeben sein, damit Wahlen wirklich fair sind?

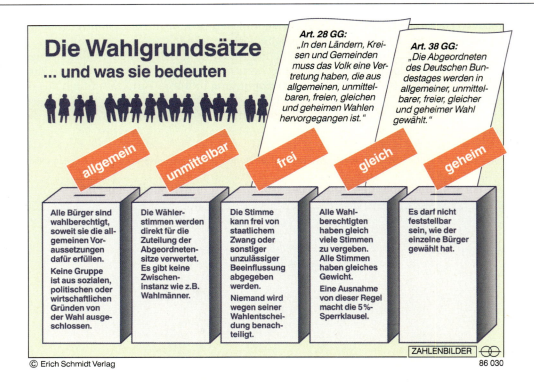

7.6 Wer mitmachen darf

Wahlrecht

Wer darf den Bundestag wählen? (Aktives Wahlrecht)	Wer darf für den Bundestag gewählt werden? (Passives Wahlrecht)
alle Deutschen, die • am Wahltag das 18. Lebensjahr vollendet haben, • seit mindestens drei Monaten in der Bundesrepublik Deutschland eine Wohnung innehaben oder sich sonst gewöhnlich aufhalten und • nicht vom Wahlrecht ausgeschlossen sind.	alle Deutschen, die • am Wahltag das 18. Lebensjahr vollendet haben, • seit mindestens einem Jahr Deutscher im Sinne des Artikels 116 Abs. 1 des Grundgesetzes sind.

■ 1. Erläutern Sie den Unterschied zwischen dem aktiven und dem passiven Wahlrecht.

■ 2. Betrachten Sie die Grafik und ergänzen Sie den Lückentext.

Wer seit mindestens acht Jahren in Deutschland lebt und eine gültige Aufenthaltserlaubnis hat, kann in der Regel ohne weitere Hürden deutscher Staatsbürger werden. Diesen Weg gingen rund zwei Drittel der Ausländer, die im Jahr 2004 die deutsche Staatsangehörigkeit erhielten. Insgesamt wurden (a) Menschen eingebürgert. Darunter waren (b) Türken, 7499 (c) und 6362 (d). Die Zahl der Einbürgerungen erreichte im Jahr (e) einen Höhepunkt. Gegenüber dem Jahr 1994 hatte sie sich bis zu diesem Jahr (f). Damals trat das neue Einbürgerungsgesetz in Kraft, das Einbürgerungen für Ausländer erleichterte. Seitdem (g) die Zahl der Einbürgerungen wieder. Im Jahr 2004 betrug sie dann (h).

a	b	c	d
e	f	g	h

■ 3. Welche Vorteile bringt es den hier lebenden Ausländern, wenn die die deutsche Staatsangehörigkeit annehmen?

■ 4. Diskutieren Sie mögliche Gründe, weshalb viele Ausländer von dieser Möglichkeit keinen Gebrauch machen.

Wo bleibt die Jugend?

DEINE STIMME ZÄHLT
NUR WENN DU EINE HAST

ICH WILL WÄHLEN

Ich bin unter 18 – und ich will wählen. Wie jeder Mensch, der in diesem Land lebt, bin auch ich von politischen Entscheidungen betroffen: in der Gegenwart vor allem von Kinder-, Jugend-, Familien- und Bildungspolitik; und langfristig z. B. von den Auswirkungen heutiger Staatsverschuldung, Umwelt- oder Rentenpolitik.
Andere Politikbereiche, wie Fragen von Krieg und Frieden, Sozial- und Wirtschaftspolitik oder der Umgang mit Minderheiten, gehen auch mich etwas an. In einer parlamentarischen Demokratie werden politische Entscheidungen von Abgeordneten getroffen, die von Wahlberechtigten gewählt werden, deren Interessen sie vertreten sollen. Die Interessen der nicht wahlberechtigten Menschen werden oftmals erkennbar vernachlässigt – obwohl die Abgeordneten eigentlich Vertreter der gesamten Bevölkerung sein sollten. Denn Politik wird hauptsächlich für die gemacht, die wählen dürfen …

Quelle: www.ich-will-waehlen.de/, ich will WÄHLEN Kampagnenbüro, 16.09.2007

Kein Wahlrecht unter 18

… 16-Jährige interessieren sich mehr für Fußball, Basketball oder Computer und nicht für Haushaltslöcher oder die Pflegeversicherung. Dies ist auch der Grund dafür, dass sich Jugendliche in der Politik kaum auskennen. Sie lesen oft keine Zeitungen und schauen keine Fernsehnachrichten … Sie sind nicht in der Lage, ihre Stimme abzugeben, weil sie die Parteien und Politiker, die zur Wahl stehen, nicht kennen. Manche 16-Jährige werden auch noch massiv von ihren Eltern beeinflusst und können deshalb keine eigene unabhängige Meinung über die politische Lage bilden. Auch durch die Medien lassen sie sich mehr beeinflussen als ältere, erfahrenere Menschen. Andere Jugendliche sind mit ihrer persönlichen Situation unzufrieden und werden zu Protestwählern. Letztendlich haben 16-Jährige einfach noch viel zu wenig Lebenserfahrung. Sie lassen sich eher durch Versprechen von Parteien ködern, die ihnen das Blaue vom Himmel versprechen.

Quelle: Andi Sopan, Salzburg, http://referateguru.keim.at/Waehlen.htm, 11.10.2007

■ **1. Stellen Sie die jeweiligen Argumente gegenüber und entscheiden Sie sich.**

Pro	Kontra
•	•
•	•
•	•

■ **2. Erläutern Sie den Spott der Karikatur.**

7.7 Konkurrenz belebt das Geschäft

Parteien

„Parteien sind freie Zusammenschlüsse gleichgesinnter Bürgerinnen und Bürger, die für die Lösung politischer Probleme programmatische Vorschläge machen und Kandidaten für Parlamentsmandate und Regierungsämter aufstellen, um nach erfolgreicher Wahl dort ihr Programm in die Wirklichkeit umzusetzen."

Quelle: Besson, Waldemar/Jasper, Gotthard: Das Leitbild der modernen Demokratie, Bonn BpB 1990

Junge Union (CDU/CSU)

Wir ... gehen von einem christlich geprägten Menschenbild aus, treten für den freiheitlichen Rechtsstaat ein, wollen die soziale und ökologische Marktwirtschaft ... Unsere politische Arbeit ist dabei gerichtet auf ein würdiges Leben für alle, auf die Verwirklichung, Erhaltung und Weiterentwicklung von Frieden, Freiheit, sozialer und Generationengerechtigkeit sowie die Sicherung einer lebenswerten Zukunft für Mensch und Natur.

Quelle: www.junge-union.de/content/junge-union/portrait/, Junge Union Deutschlands – Bundesgeschäftsstelle, 16.09.2007

Jungsozialisten (SPD)

Für uns Jusos ist soziale Gerechtigkeit nicht old-fashioned! Wir bleiben ein Motor für mehr Chancengleichheit. Und wir stehen ein für mehr Solidarität innerhalb unserer Gesellschaft – immer und überall. Wir wollen aber Gerechtigkeit auch weiter denken: Damit jeder von uns heute wie morgen in einer sicheren, fortschrittlichen und nachhaltigen Gesellschaft und Wirtschaft leben, lernen und arbeiten kann.

Quelle: www.jusos.de/servlet/PB/show/1497120/055.266%20fd_generation_RZ.pdf, Jusos in der SPD – Bundesverband, 16.09.2007

Grüne-Jugend (Bündnis 90/Die Grünen)

Neue Ideen bringen Schwung in verkrustete Strukturen. Gerade wir als junge Menschen sind gefragt, uns in politische Prozesse einzubringen und eigene Wege zu gehen. Politische Verhältnisse sind kein Betonklotz, an dem mensch nichts ändern kann! Rummeckern bringt nix, wir müssen selber was starten, wenn wir etwas verändern wollen! ... Wir sind ökologisch, sozial, globalisierungskritisch, basisdemokratisch, emanzipiert, antirassistisch, international und gewaltfrei.

Quelle: www.gruene-jugend.de/ueberuns/index.html, Paula Riester/Jan Philipp Albrecht, 16.09.2007

Junge Liberale (FDP)

Wir ... setzen uns für einen ganzheitlichen Liberalismus ein. Für uns gehören Bürgerrechte und Marktwirtschaft untrennbar zusammen. Beides wird von Unbelehrbaren aus allen politischen Richtungen immer wieder attackiert. Wir wollen größtmögliche Freiheit des Einzelnen sowohl im wirtschaftlichen als auch im persönlichen Bereich verwirklichen.

Quelle: www.juliskorschenbroich.de/Wir%20ueber%20uns.htm, Nikolai Alexander Hebben, 16.09.2007

Linksjugend ['solid]

Sie ist ... kritisch zur kapitalistischen Gesellschaft in den aktuellen politischen Auseinandersetzungen engagiert ... orientiert sich an der Voraussetzung, dass Politik viel stärker im öffentlichen Raum stattfinden muss. Politische Bildung, der Eintritt in eine kulturelle Offensive von links und die bewusste politische Aktion sind Mittelpunkte unserer Aktivität.

Quelle: www.solid-web.de/Linksjugend [schid] e.V., 16.09.2007

■ 1. Worin unterscheidet sich die Zielrichtung der jeweiligen Partei-Jugendorganisation? Informieren Sie sich im Internet genauer.

■ 2. Welche Vor- und Nachteile sehen Sie in der Mitgliedschaft einer Partei?

Vorteile	Nachteile

Konkurrenz belebt das Geschäft I Wunschbild eines Politikers

Wunschbild eines Politikers

Was wird von Politikern verlangt?

Einige Meinungen aus einer Diskussion mit Jugendlichen über Politiker:

„Politiker, die von uns gewählt werden wollen, müssen uns auch mögen und nicht ständig über uns herziehen. Wer Jugendliche für blöd hält, der kann nicht erwarten, dass sie sich für ihn interessieren."

„Ein Politiker muss uns ernst nehmen und sich in unsere Lage hinein versetzen können. Er muss verstehen wie man sich fühlt, wenn man zwanzig Bewerbungen geschrieben hat und immer noch auf einen Ausbildungsplatz wartet."

„Ich finde solche Politiker toll, die sich locker geben, die witzige Sprüche drauf haben und nicht wie Oma und Opa daherkommen."

„Ich denke ein Politiker muss ´was auf dem Kasten haben. Er hat eine große Verantwortung und sollte deshalb etwas von dem verstehen, worüber er zu entscheiden hat!"

„Ein fähiger Politiker kann auch mal so richtig draufhauen. Der traut sich, die Dinge beim Namen zu nennen und hat keine Angst, wenn er dafür in der Zeitung kritisiert wird!"

„Viele Politiker kümmern sich nur um ihre Karriere und denken nur an die große Kohle. Solche Typen kann ich überhaupt nicht leiden!"

„Ich verstehe die meisten Politiker überhaupt nicht. Die spucken nur Fremdwörter aus. Ich denke, sie sollten so reden, dass sie von Jugendlichen verstanden werden!"

„Die Politiker sollten endlich aufhören miteinander zu streiten. Das nervt. Die sollten sich lieber zusammentun und endlich dafür sorgen, dass jeder junge Mensch einen Ausbildungsplatz erhält!"

■ **1. Was wünschen sich die Jugendlichen von einem Politiker?**

_____

_____

■ **2. Sammeln Sie weitere Meinungen in Ihrer Klasse.**

_____

_____

_____

■ **3. Welcher Auffassung stimmen Sie zu? Begründen Sie ihre Meinung.**

_____

_____

_____

■ **4. Welche Auffassung lehnen Sie ab? Begründen Sie ihre Meinung.**

_____

_____

_____

7.8 Sie kämpfen um Ihre Stimme

Wahlkampf

■ 1. Worin unterscheiden sich in den Bildern die Versuche der Politiker, Ihre Stimme zu erhalten?

Bild 1 = Bekämpfung des Gegners,

Bild 2 = Einschmeichelung beim Wähler.

■ 2. Wie beurteilen Sie das Werben der Politiker um Ihre Stimme? (Stichworte eintragen.)

	Ich finde gut, wenn sie …	Ich finde nicht gut, wenn sie …
Auftreten der Politiker im Fernsehen		
Umgang mit dem politischen Gegner		
Persönlicher Kontakt der Politiker mit Jugendlichen		
Werbeanzeigen der Politiker		

Wahlplakate

■ 1. Betrachten Sie Wahlplakate der anderen Parteien (www.politik-visuell.de)!

■ 2. Analysieren Sie die Plakate der Parteien!

a) Wie sind die Plakate gestaltet, wie sind Bilder und Texte miteinander kombiniert?	
b) Welche Informationen kann der Wähler entnehmen?	
c) Was soll durch das Plakat erreicht werden?	
d) Welche Begriffe und Symbole werden im Plakat benutzt und warum?	
e) Was nehmen die Parteien für sich in Anspruch?	
f) Ist etwas über den politischen Gegner zu erfahren?	

Parlamentssitze zuteilen **I** Mehrheitswahl **99**

7.9 Parlamentssitze zuteilen

Mehrheitswahl

Das Parlament in Musterland besteht aus zehn Abgeordneten. Zur Wahl stehen zwei große Volksparteien (A-Partei und B-Partei), die schon lange im Wechsel die Regierung stellen und eine große Zahl von Mitgliedern haben. Neu steht die C-Partei zur Wahl, in der sich ein paar Kritiker der großen Parteien organisiert haben. Insgesamt sind 200 Wahlbürger zur Stimmabgabe aufgerufen. Das Land ist in zehn Wahlkreise mit einer gleichen Anzahl von Wahlbürgern aufgeteilt. In jedem Wahlkreis wurde von der jeweiligen Partei ein Kandidat zur Wahl aufgestellt. Im Wahlgesetz ist geregelt, dass die Sitze nach dem Mehrheitswahlsystem den Parteien zugeteilt werden. Danach erhält die Partei den Sitz eines Wahlkreises, die die meisten Stimmen in diesem Wahlkreis erhalten hat. Damit soll erreicht werden, dass die Bürger im Parlament ihren Abgeordneten als Person kennen, also einen direkten Ansprechpartner haben, der die Interessen des Wahlkreises vertritt.

Musterbeispiel

Wahlkreis	A-Partei	B-Partei	C-Partei	A-Partei	B-Partei	C-Partei
	Erhaltene Stimmen			Sitz des Wahlkreises		
1	12	8	0	1	0	0
2	7	13	0	0	1	0
3	5	4	3	1	0	0
4	9	10	1	0	1	0
5	8	10	0	0	1	0
6	6	7	2	0	1	0
7	7	8	1	0	1	0
8	6	4	3	1	0	0
9	15	5	0	1	0	0
10	5	6	2	0	1	0
	80	75	12	4	6	0
Gesamt		167			10	

■ 1. Welche Partei hat die meisten Stimmen bekommen und welche die meisten Sitze? Wie beurteilen Sie das Ergebnis?

_____

_____

■ 2. Welche Sitzverteilung ergibt sich nach dem Mehrheitswahlsystem bei folgendem Ergebnis?

Aufgabe Ⓐ

Wahlkreis	A-Partei	B-Partei	C-Partei	A-Partei	B-Partei	C-Partei
	Erhaltene Stimmen			Sitz des Wahlkreises		
1	10	7	1			
2	9	11	0			
3	4	5	3			
4	13	7	0			
5	9	10	0			
6	7	8	2			
7	7	4	3			
8	11	7	0			
9	4	8	3			
10	5	8	2			
Gesamt						

Verhältniswahl

Die C-Partei protestiert gegen das Mehrheitswahlsystem und fordert das Verhältniswahlsystem mit dem Auszähl-verfahren nach Hare/Niemeyer. Hierbei werden die zu vergebenden Sitze mit der Zahl der Stimmen der einzelnen Partei multipliziert und durch die Gesamtstimmenzahl aller an der Verteilung teilnehmenden Parteien dividiert. Nun erhält jede Partei so viele Sitze, wie ganze Zahlen auf sie entfallen. Die dann noch zu vergebenden Sitze werden in der Reihenfolge der höchsten „Reste" nach dem Komma, die sich bei der Berechnung ergeben, verteilt. Jede Partei legt vor der Wahl eine Kandidatenliste vor, aus der dann die Sitze von oben nach unten zugeteilt werden.

Musterbeispiel

	A-Partei	B-Partei	C-Partei	Gesamt
Wahlberechtigt				400
Wahlbeteiligung $\dfrac{\text{Gesamt} \cdot 100}{\text{Wahlberechtigte}}$ $\dfrac{300 \cdot 100}{400}$				75 %
Abgegebene Stimmen Formel	140 $\dfrac{\text{Sitze} \cdot \text{A-Partei}}{\text{Gesamtstimmen}}$	100 $\dfrac{\text{Sitze} \cdot \text{B-Partei}}{\text{Gesamtstimmen}}$	60 $\dfrac{\text{Sitze} \cdot \text{C-Partei}}{\text{Gesamtstimmen}}$	300
Beispiel	$\dfrac{10 \cdot 140}{300}$	$\dfrac{10 \cdot 100}{300}$	$\dfrac{10 \cdot 60}{300}$	
Ergebnis	4,7	3,3	2,0	
Sitzverteilung				
Schritt 1	4	3	2	9
Schritt 2	1	0	0	1
Endergebnis	5	3	2	10

■ 1. Tragen Sie die entsprechenden Werte des Wahlergebnisses aus Aufgabe (A) der vorigen Seite ein und berech-nen Sie die Sitzverteilung.

Aufgabe (B)

	A-Partei	B-Partei	C-Partei	Gesamt
Wahlberechtigt				
Wahlbeteiligung				
Abgegebene Stimmen Berechnung				
Ergebnis				
Sitzverteilung				
Schritt 1				
Schritt 2				
Endergebnis				

■ 2. Welche Vorteile bietet das jeweilige Wahlsystem?

Mehrheitswahl	Verhältniswahl

Parlamentssitze zuteilen **I** Bundestagswahlsystem **101**

Bundestagswahlsystem

Die Wahlen zum Deutschen Bundestag finden auf der Grundlage des Verhältniswahlsystems statt. Kombiniert ist es mit Vorteilen des Mehrheitswahlsystems (Personalisiertes Verhältniswahlsystem). Deshalb hat jeder Wähler eine Erst- und eine Zweitstimme. Die Zweitstimme ist die wichtigste Stimme. Mit ihr entscheidet der Wähler, wie viele Sitze eine Partei im Bundestag erhält. Jede Partei reicht vor der Wahl eine Kandidatenliste ein. Eine Partei, die weniger als 5 Prozent der Stimmen erreicht, wird nicht berücksichtigt (Sperrklausel). Für die Hälfte der Sitze im Bundestag werden Wahlkreise gebildet. In ihnen kandidiert je ein Bewerber der Parteien. Wer die meisten Stimmen erhält, bekommt den Sitz zugesprochen. Auch dann, wenn seine Partei an der 5-Prozent-Klausel scheitert (Einzelmandat). Parteien, die mindestens drei Wahlkreise gewinnen, werden wie die anderen im Bundestag behandelt (Fraktionsstatus). Die Sitze, die eine Partei gewinnt, werden zunächst an die Bewerber vergeben, die ihren Wahlkreis gewonnen haben, die restlichen Sitze von der Kandidatenliste von oben nach unten zugeteilt. Gewinnt eine Partei mehr Wahlkreise als ihr nach der Zweitstimme Sitze zustehen, wird das Parlament um die überzähligen Mandate erweitert (Überhangmandat).

Musterbeispiel

Partei	A-Partei	B-Partei	C-Partei	D-Partei	Gesamt
Zweitstimme	54	109	18	6	187
Prozent	29	58	10	3	100
Zählstimmen	54	109	18	0	181
Sitze nach Zweitstimme	3	6	1	0	10
Gewonnene Wahlkreise	4	1	0	0	5
Überhangmandate	1	0	0	0	1
Listenkandidaten	0	5	1	0	6
Sitze	4	6	1	0	11

- 1. Erläutern Sie, wie die Zahlen im Musterbeispiel zustande kommen.
- 2. Füllen Sie die Felder bei der nachfolgenden Tabelle mit den entsprechenden Werten aus.

Aufgabe Ⓒ

Partei	A-Partei	B-Partei	C-Partei	D-Partei	Gesamt
Zweitstimme	78	83	14	6	
Prozent					
Zählstimmen					
Sitze nach Zweitstimme					
Gewonnene Wahlkreise	2	1	2	0	5
Überhangmandate					
Listenkandidaten					
Sitze					

7.10 Der Wähler hat gesprochen

Wahlergebnisse

1. In welchem Jahr hatten die Parteien ihr bestes und ihr schlechtestes Wahlergebnis?

Partei	Hoch ☺	Tief ☹
CDU/CSU	1957 = 50,2 %	1949 = 31,0 %
SPD	1972 = 45,8 %	1953 = 28,8 %
FDP	1961 = 12,8 %	1969 = 5,8 %
B90/Grüne	2002 = 8,6 %	1980 = 1,5 %
PDS/Linke	1994 = 6,9 %	1990 = 2,4 %

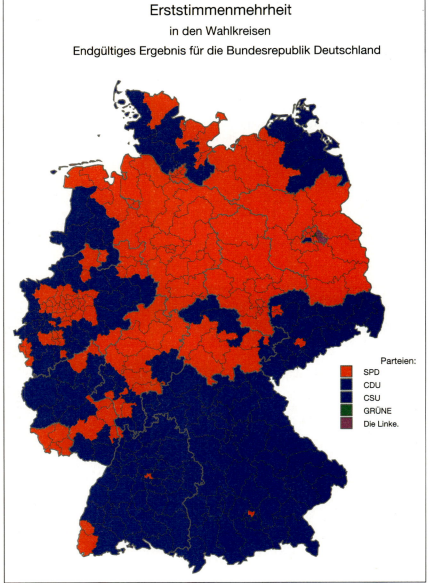

■ 2. Welche regionalen Besonderheiten lassen sich im Wahlverhalten feststellen?

Quelle: Statistisches Bundesamt, Bundestagswahl 2005, Heft 3

7.11 Unser Land

Rheinland-Pfalz

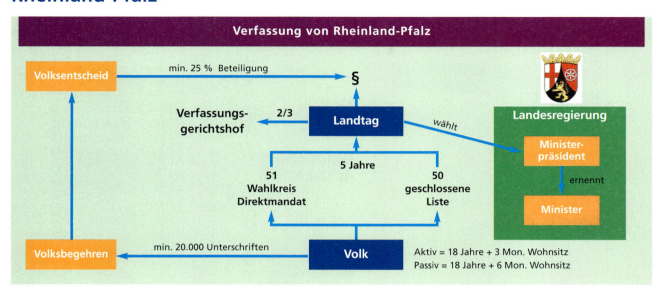

- 1. Ergänzen Sie den Lückentext mithilfe des Schaubildes. Tragen Sie die Begriffe in die Tabelle ein.
- 2. Erläutern Sie das Wahlergebnis von Rheinland-Pfalz.

Das Parlament von Rheinland-Pfalz heißt (a). Es besteht aus (b) Abgeordneten und wird alle (c) Jahre vom (d) direkt gewählt. Nach dem Mehrheitswahlsystem werden (e) Abgeordnete und nach dem Verhältniswahlsystem (f) Abgeordnete bestimmt. Neben der indirekten Demokratie hat Rheinland-Pfalz auch ein Element der (g) Demokratie. So kann das Volk durch ein Volksbegehren einen Volksentscheid beantragen. Dieser kommt zustande, wenn mindestens (h) Wähler das Volksbegehren durch ihre Unterschrift unterstützen. Ein (i) ist gescheitert, wenn weniger als (j) Prozent der Wahlberechtigten an der Abstimmung teilnehmen.

A		F	
B		G	
C		H	
D		I	
E		J	

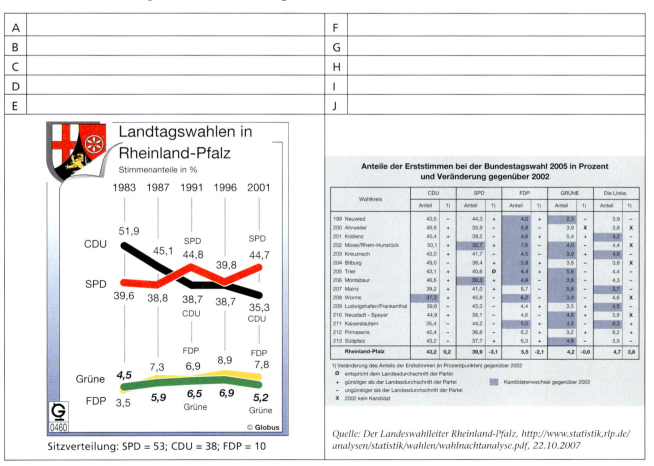

Quelle: Der Landeswahlleiter Rheinland-Pfalz, http://www.statistik.rlp.de/analysen/statistik/wahlen/wahlnachtanalyse.pdf, 22.10.2007

7.12 Unsere Gemeinde

Kommune

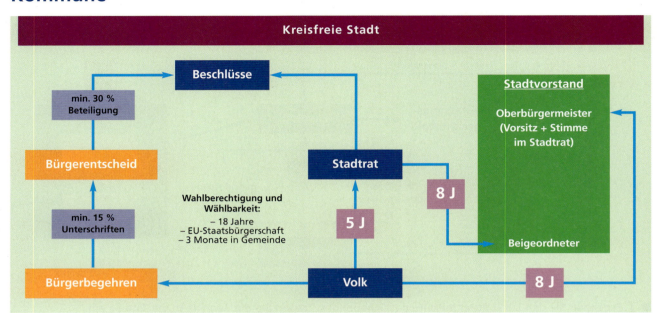

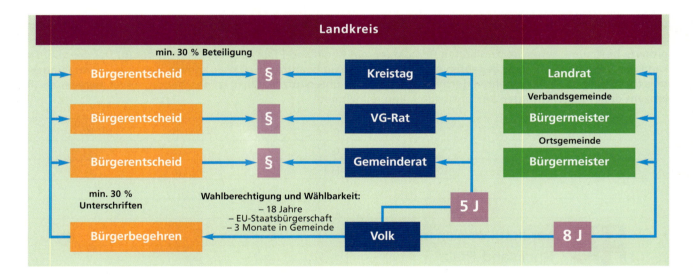

- 1. In welcher Kommune leben Sie? Welche kommunalen Politiker kennen Sie?
- 2. Ergänzen Sie den Lückentext.

Das „Parlament" einer kreisfreien Stadt in Rheinland-Pfalz ist der (a), das einer Ortsgemeinde in einem Landkreis (b). Der Kreistag ist das (c) eines Landkreises. Die Kommunalparlamente werden alle (d) Jahre vom (e) direkt gewählt. Oberbürgermeister, Bürgermeister und Landräte werden ebenso vom Volk (f) gewählt. Ihre Amtszeit dauert (g) Jahre. Bürger können durch einen (h) auch direkt entscheiden, wie eine Sache in der Gemeinde geregelt werden soll. Zuvor muss jedoch ein Bürgerbegehren stattfinden, das mindestens (i) Prozent der Wahlberechtigten durch Unterschrift unterstützen. Ein Bürgerentscheid ist rechtsgültig, wenn sich mindestens (j) Prozent daran beteiligen.

a	b	c	d	e

f	g	h	i	j

Wahlverfahren

Regeln zur Wahl der Kommunalparlamente in Rheinland-Pfalz

- Jeder Wähler hat so viele Stimmen, wie Sitze zu vergeben sind.
- Jeder Wähler kann seine Stimmen direkt als Personenstimme an Kandidaten vergeben.
- Ein Kandidat kann von einem Wähler bis zu drei Personenstimmen erhalten („kumulieren").
- Die Personenstimmen dürfen auch listenübergreifend verteilt werden („panaschieren").
- Wird eine Parteiliste angekreuzt, werden die nicht direkt vergebenen Stimmen als Listenstimmen von oben nach untern an die Kandidaten verteilt.
- Werden zwei Parteilisten angekreuzt, ist der Wahlzettel ungültig.
- Ein gestrichener Kandidat erhält keine Stimmen,.
- Kandidaten, die von einem Wähler schon drei Direktstimmen erhalten haben, bekommen keine Listenstimme mehr.
- Werden Kandidaten mehrfach aufgeführt, werden sie bei der Verteilung der Listenstimmen auch mehrfach berücksichtigt. Sie können aber auch dann nur insgesamt drei Stimmen erhalten.
- Die Sitze werden nach dem Verhältniswahlsystem zugeteilt (Stimmenanteil).
- Eine Liste mit weniger als 3 Prozent der Stimmen wird nicht berücksichtigt (Sperrklausel)
- Die Sitze, die eine Partei erwirbt, werden nach der Rangfolge der erhaltenen Wählerstimmen (Personen- und Listenstimmen) zugeteilt.

Wähler 1	Partei A	x					Partei B	
1	~~Burg~~	~~Michael~~				1	Grün	Volker	
2	Blau	Daniela	x	x	x	2	Stein	Sascha	
3	Bauer	Ehrhard				3	Peter	Susanne	
4	Wald	Karin				4	Bäcker	Valentina	
5	Schmitt	Bernd	x			5	Afar	Steve	
6	Ost	Helena	x			6	Reibel	Simone	

Wähler 2	Partei A			Partei B	
1	Burg	Michael	x	1	Grün	Volker	x
2	Blau	Daniela		2	Stein	Sascha	
3	Bauer	Ehrhard	x	3	Peter	Susanne	
4	Wald	Karin		4	Bäcker	Valentina	
5	Schmitt	Bernd	x	5	Afar	Steve	x
6	Ost	Helena		6	Reibel	Simone	x

Wähler 3	Partei A	x		Partei B	x
1	Burg	Michael		1	Grün	Volker	
2	Blau	Daniela		2	Stein	Sascha	
3	Bauer	Ehrhard		3	Peter	Susanne	
4	Wald	Karin		4	Bäcker	Valentina	
5	Schmitt	Bernd		5	Afar	Steve	
6	Ost	Helena		6	Reibel	Simone	

1. Welcher Wähler hat panaschiert?	
2. Bei welchem Kandidaten wurde kumuliert?	
3. Welcher Kandidat ist von der Vergabe einer Listenstimme ausgeschlossen?	
4. Welcher Kandidat erhält eine Listenstimme?	
5. Welcher Kandidat erhält keine Listenstimme, weil er das Stimmmaximum erreicht hat?	
6. WWelcher Wahlzettel ist ungültig?	
7. Wie viele Sitze stehen den Parteien zu, wenn nur diese drei Wahlzettel abgegeben wurden?	

7.13 Mitmachen statt Zuschauen

Neue Beteiligungsformen

Einmal im Jahr findet seit 1985 in Mainz der Schüler-Landtag Rheinland-Pfalz statt. Vier Schulklassen aus verschiedenen Schularten und unterschiedlichen Regionen des Landes bilden vier „Fraktionen". Sie beraten Anträge zu landespolitischen Themen, die sie zuvor in ihren Schulen intensiv vorbereitet und selbst ausgearbeitet haben. Die Beratungen im Plenarsaal des Landtags, die stenografisch protokolliert werden, enden jeweils mit einer Abstimmung über die einzelnen Anträge. Zu Beginn eines neuen Schuljahres werden die ausgewählten Schulklassen mit dem Schüler-Landtag, seinen Regeln und seinem Ablauf vertraut gemacht. Sie bereiten sich während der nächsten zehn bis zwölf Wochen intensiv auf den Schüler-Landtag vor. Die Klassen wählen jeweils ein Thema für die Beratungen im Schüler-Landtag aus, stellen Recherchen an und laden Abgeordnete aus dem örtlichen Wahlkreis ein oder Fachleute, die sie zu dem von ihnen gewählten Thema befragen. Die Anträge werden formuliert und zwischen den Klassen ausgetauscht, so dass sich die Schülerinnen und Schüler auf alle im Schüler-Landtag anstehenden Themenbereiche vorbereiten können. In den zurückliegenden Jahren wurden u.a. folgende Themen im Schüler-Landtag behandelt:

- „Herabsetzung der Altersgrenze für die Fahrerlaubnis zum Führen eines Pkw auf 16 Jahre"
- „Verbesserung der Lebensverhältnisse Wohnungsloser"
- „Abschaffung sämtlicher Tierversuche für medizinische und kosmetische Zwecke"
- „Aussetzung der Wehrpflicht und Einführung einer Freiwilligenarmee"
- „Härtere Strafmaßnahmen gegen jugendliche Straftäter und Rechtsextremisten"
- „Einführung von Schüler-Richtern"

Quelle: www.landtag.rlp.de/jugendbereich, Landtag Rheinland-Pfalz, 16.09.2007

Jugendparlamente und Jugendforen gibt es in vielen Gemeinden. Sie werden von den örtlichen Jugendlichen gewählt, können ihre Themen frei bestimmen und sich durch eigene Anträge in die Gemeindepolitik einbringen. Ziel dieser Einrichtungen ist es, junge Menschen an die Politik heranzuführen.

■ **1. Recherchieren Sie, ob es in Ihrer Nähe eine kommunale Interessenvertretung für Jugendliche gibt.**

■ **2. Hätten Sie Lust, sich daran zu beteiligen? Begründen Sie Ihre Antwort!**

■ **3. Zeigen Sie Wege auf, wie Jugendlichen die politische Beteiligung schmackhafter gemacht werden kann.**

8 Medien

8.1 Sich verständigen

Individualkommunikation

■ 1. Beschreiben Sie einem Mitschüler die Karikatur, ohne dass er sie sieht.

■ 2. Bitten Sie Ihren Mitschüler, das Bild Ihrer Beschreibung nachzuzeichnen, und vergleichen Sie das Ergebnis mit dem Original.

■ 3. Interpretieren Sie gemeinsam die Karikatur. Notieren Sie sich Stichworte.

_____

_____

_____

_____

Menschen müssen sich verständigen. Dazu tauschen sie Informationen aus. Dies nennt man Kommunikation. Der Grundvorgang ist einfach. Da ist ein Sender, der etwas mitteilen möchte. Er verschlüsselt sein Anliegen in Sprache und übermittelt es über ein Medium (Schallwellen, Schrift, Mimik etc.). Was er von sich gibt, ist seine Nachricht. Der Empfänger muss diese Nachricht wahrnehmen und entschlüsseln. In der Regel stimmen gesendete und empfangene Nachricht überein, sodass eine Verständigung stattgefunden hat. Um Unklarheiten zu beseitigen, kann in einem Gespräch der Empfänger an den Sender direkt Rückfragen stellen (Feedback). Ist diese Möglichkeit gegeben, wird von einer Individualkommunikation gesprochen.

■ 4. Ordnen Sie die folgenden Begriffe den Zahlen zu:
Empfänger, Verschlüsselung, Feedback, Sender, Entschlüsselung, Medium

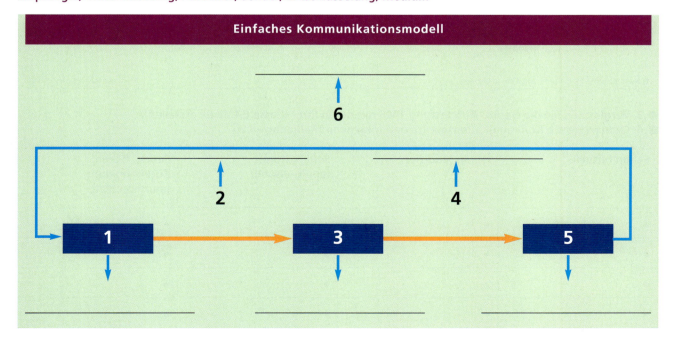

Sich verständigen | Massenkommunikation

Massenkommunikation

■ 1. Worin unterscheidet sich die dargestellte Kommunikationsform von der Individualkommunikation? Notieren Sie wichtige Stichwörter und erläutern Sie diese einem Mitschüler:

- _____
- _____
- _____
- _____
- _____

Medien, die sich an ein großes, verschiedenartiges, weit verstreutes und unbestimmtes Publikum („Masse") richten, sind Massenmedien. Sie sind prinzipiell für jeden zugänglich. Im Gegensatz zur Individualkommunikation erlaubt die Massenkommunikation keine Rückfragen des Empfängers einer Nachricht. Zur Verbreitung der schriftlichen, bildlichen oder akustischen Information sind technische Mittel notwendig.

■ 2. Bestimmen Sie die vier Hauptmerkmale von Massenmedien:

- _____
- _____
- _____
- _____

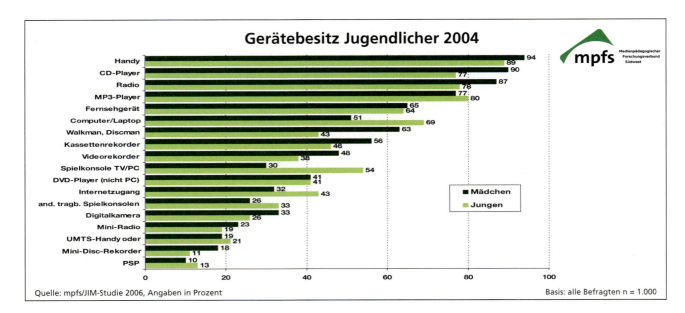

■ 3. Vergleichen Sie die Geräte-Ausstattung 2006 mit der in Ihrer Klasse (Statistik erstellen).
■ 4. Ordnen Sie die Kommunikationsgeräte den folgenden Medienarten zu.

Sehen (visuell)	Hören (auditiv)	Sehen, Hören (audio-visuell)	Sehen, Hören, Rückkopplung (multi-medial)
•	•	•	•
•	•	•	•
•	•	•	•
•	•	•	•

Mediennutzung

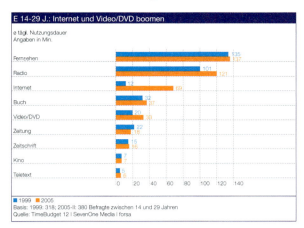
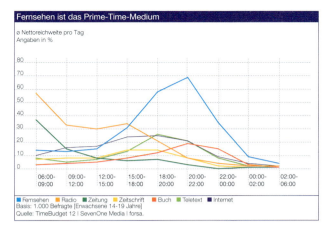

Quelle: Time Budget 12, 1999–2005, S. 18 von 50, SevenOne Media 2005, S. 27, www.prosiebensat1.com/imperia/md/content/home/TimeBudget12.pdf, SevenOne Media GmbH, Unterföhring, Zugriff 16.09.2007

■ **1. Erläutern Sie die Aussagen der Grafiken zum Medienverhalten (Notieren Sie sich Stichworte).**

■ **2. Bestimmen Sie als Grobschätzung Ihr eigenes Medienverhalten. Füllen Sie die Tabelle aus (Minuten der Mediennutzung in der jeweiligen Doppelstunde).**

Zeit \ Medium	Hörfunk	TV	Zeitung	Bücher	Tonträger	Internet	Zeitschrift	Video	Gesamt
00:00									
02:00									
04:00									
06:00									
08:00									
10:00									
12:00									
14:00									
16:00									
18:00									
20:00									
22:00									
24:00									
Gesamt									

■ **3. Wo treten Unterschiede zwischen Ihrem Ergebnis und dem bundesdeutschen Durchschnitt auf?**

■ **4. Worauf führen Sie die Abweichungen zurück?**

Sich verständigen I Aufgaben

Aufgaben

Nutzungsmotive der Medien im Direktvergleich (trifft am meisten zu auf ... in %)

	Fernsehen	Hörfunk	Tageszeitung	Internet
damit ich mitreden kann	41	14	38	6
weil ich Denkanstöße bekomme	39	17	36	8
weil ich mich informieren möchte	35	14	44	8
weil ich dabei entspannen kann	54	38	7	1
weil es mir Spaß macht	55	30	7	8
weil ich mich dann nicht allein fühle	52	36	6	3
weil es aus Gewohnheit dazugehört	45	31	22	1
weil es mir hilft, mich im Alltag zurechtzufinden	35	19	38	6
Basis: Befragte, die mindestens zwei Medien mehrmals im Monat nutzen. n-4955 gewichtet				

Quelle: Studie Massenkommunikation 2000, Christa-Maria Ridder/Bernhard Engel, in: Media Perspektiven 3/2001, S. 102–125

■ **1. Worin unterscheiden sich die Motive der Nutzung von Fernsehen und Tageszeitung?**

_____

_____

■ **2. Tragen Sie Beispielsendungen für die jeweilige Aufgabe der Medien in die Tabelle ein.**

Aufgabe	Ziel	Beispiele aus dem Fernsehen
Information	Der Bürger soll durch eine sachliche Darstellung der gesellschaftlichen und politischen Zusammenhänge seine Interessen erkennen können.	
Meinungsbildung	Der Bürger soll durch eine ausgewogene Darstellung unterschiedlicher Auffassungen sich ein eigenständiges Urteil zu strittigen Fragen bilden können.	
Kontrolle	Der Bürger soll über Fehlentwicklungen in allen öffentlichen Bereichen aufgeklärt werden, um entsprechend aktiv zu werden.	
Bildung	Der Bürger soll durch gezielte Unterweisung seine persönlichen Fähigkeiten weiterentwickeln können.	
Unterhaltung	Der Bürger soll die Möglichkeit zur Entspannung und Zerstreuung erhalten.	

Gefahren

■ 1. Welche Gefahren der Massenmedien werden durch die Karikaturen angedeutet (Tragen Sie ein Stichwort ein)?

a)	b)
c)	d)
e)	f)

■ 2. Sind die beschriebenen Gefahren nach Ihrer Meinung wirklich gegeben? Begründen Sie Ihre Antwort.

8.2 Zeitung lesen

Tageszeitung

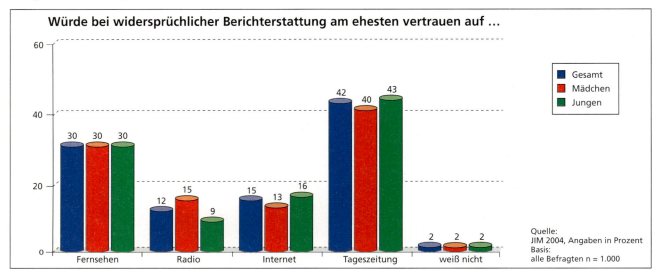

- 1. Vergleichen Sie die Ergebnisse mit Ihrer eigenen Einstellung und der Ihrer Klasse.
- 2. Wie ist das Ergebnis zu erklären?

Zur Lage der Zeitungen in Deutschland 2004

„Gut drei Viertel der deutschen Bevölkerung über 14 Jahre (75,7 Prozent) lesen regelmäßig eine Tageszeitung, das sind 49 Millionen Männer und Frauen. Bei den lokalen und regionalen Abonnementzeitungen liegen die Leserinnen mit 65,2 Prozent sogar ganz leicht vor den Lesern (63,1 Prozent). Dagegen werden Kaufzeitungen und überregionale Abonnementzeitungen stärker von Männern (27,3 Prozent beziehungsweise 7,0 Prozent) als von Frauen (17,9 Prozent beziehungsweise 4,1 Prozent) genutzt. Nach Altersgruppen betrachtet, erreichen die Tageszeitungen ihre höchste Reichweite traditionell bei den 40- bis 69-jährigen Lesern, nämlich zwischen knapp 85 und gut 78 Prozent. Von den über 70-Jährigen greifen fast 84 Prozent regelmäßig zur Tageszeitung, und bei den 30- bis 39-Jährigen sind es gut 71 Prozent. Zwar wird von den jüngeren Altersgruppen im Vergleich weniger und weniger regelmäßig Zeitung gelesen, doch liegen auch hier die Reichweiten auf einem hohen Niveau: Von den 20- bis 29-Jährigen werden 61,5 Prozent durch die Zeitung erreicht, bei den 14- bis 19-Jährigen sind es immerhin fast 52 Prozent."

Quelle: Pasquay, Anja: Zur Lage der Zeitungen in Deutschland 2004, in: http://www.bdzv.de/cgi-bin/pd.pl?userid=1&publikation=424&template=arttext&ressort=424&redaktion=42 (14.04.2005)

- 1. Welche vier Arten von Tageszeitungen werden genannt? Nennen Sie Beispiele.

Art				
Beispiel				

- 2. Welche Unterschiede werden im Leseverhalten festgestellt? Vergleichen Sie die Ergebnisse mit dem Leseverhalten in Ihrer Klasse.

- 3. Wie sind diese Unterschiede zu erklären?

Weg einer Nachricht

■ 1. Ordnen Sie die Bilder dem entsprechenden Ereignis zu.

Zeitungsauslieferung		Reporter schreibt Artikel		Reporter befragt Zeugen	
Zeitungsverkauf		Polizei informiert Zeitung		Seite wird gedruckt	
Redakteur legt Textlänge fest und sucht das passende Foto aus		Hilfsdienst (Polizei/Feuerwehr) rollt an		Notfall	

■ 2. Wo und wie können Verfälschungen der Nachricht auftreten?

_____
_____
_____

Hintergrund einer politischen Meldung

Hartz IV und die Folgen für Kinder

Wachsende Armut hat auch Ursachen in der Gesetzgebung

VON UNSEREM REDAKTEUR
WINFRIED FOLZ, BERLIN

Der Kinderschutzbund hat gestern der Bundesregierung vorgeworfen, sie habe bisher kein Interesse für das Thema Armut gezeigt. Als Beleg wurde die gestiegene Zahl von Kindern in Hartz-IV-Haushalten angeführt. Der nun geforderte Kinderzuschlag von 175 Euro für das erste und zweite Kind könnte die Lage entschärfen. Rund 500.000 Kinder könnten vor Hartz-IV-Bezug bewahrt werden.

Eigentlich gibt es den Kinderzuschlag bereits, allerdings nicht in der Form, wie ihn sich der Kinderschutzbund wünscht. Armut gilt nach der Definition der Bundesagentur für Arbeit, wenn pro Kind nicht mehr als 208 Euro im Monat verfügbar sind. Derzeit werden Zuschläge in maximaler Höhe von 140 Euro für 124.000 Kinder und Jugendliche in Arbeitnehmerfamilien mit geringem Einkommen gezahlt. Nach Meinung der Kinder-Lobby ist das weder hinsichtlich der Beitragshöhe noch hinsichtlich der Zahl der Empfänger genug.

Berufstätigkeit muss sich lohnen

Der Kinderschutzbund schlägt vor, den Zuschlag für das erste und zweite Kind in armen Familien auf je 175 Euro zu erhöhen, ab dem dritten Kind dann 225 Euro monatlich. Auch sollten die Befristung auf drei Jahre und das besondere Antragsverfahren für den Zuschlag wegfallen. Der Zuschlag müsse automatisch über die Kindergeldkasse nach Abgabe einer Einkommenserklärung gewährt werden. Der Kreis der Empfänger könne dadurch auf 500.000 bis 600.000 ausgedehnt werden. Welchen Effekt hätte dieser Bonus, wer würde profitieren? Zunächst einmal wäre etwas mehr Gerechtigkeit geschaffen. Denn in einigen Fällen stehen derzeit diejenigen, die regelmäßig einer – wenn auch gering bezahlten – Arbeit nachgehen, finanziell schlechter da als diejenigen, die Arbeitslosengeld erhalten und gelegentlich durch Stundenjobs ihr Monatseinkommen „aufstocken".

Zwei Fallbeispiele: Eine alleinerziehende Mutter von zwei Kindern, die auf der Basis eines Mindestlohns von 7,50 Euro arbeitet, die Kindergeld und Wohngeld bezieht, steht am Monatsende mit 1646 Euro netto da. Zum Vergleich: Wäre die gleiche Frau arbeitslos und würde nur stundenweise erwerbstätig sein, hätte sie am Monatsende 1825 Euro und damit 175 Euro mehr. Um diese Differenz zu Gunsten der berufstätigen Frau auszugleichen, soll der Kinderzuschlag gezahlt werden. In diesem Fall käme die Mutter auf ein verrechnetes Nettoeinkommen von 1911 Euro und somit auf eine Summe, die mit Blick auf die Bezugsgrenze von ALG II höher liegt.

Beispiel 2: Ein berufstätiges Paar mit zwei Kindern verfügt auf der Basis von 7,50 Euro Mindestlohn pro Stunde – einschließlich Kinder- und Wohnungsgeld – über ein Nettoeinkommen von 2038 Euro. Das gleiche Paar hätte nahezu gleich viel Geld, nämlich 2073 Euro, wäre es arbeitslos und würden Mann und Frau stundenweise erwerbstätig sein und finanziell „aufstocken". Mit dem Kinderzuschlag käme das berufstätige Paar jedoch auf 2231 Euro, womit anerkannt wird, dass beide Elternteile regelmäßig einer Arbeit nachgehen.

Nach dem Wunsch des Kinderschutzbundes sollen aber auch zusätzliche Hilfen in Familien fließen, die von Arbeitslosengeld II leben. Die mit der Hartz-IV-Reform abgeschafften einmaligen Pauschalen für Kinderkleidung und Schulbedarf müssten wieder eingeführt werden. „Kinder haben die Angewohnheit zu wachsen", meinte Kinderschutzbund-Präsident Heinz Hilgers. Deshalb sei diese Förderung berechtigt und notwendig. Außerdem sollten arme Kinder einen Rechtsanspruch auf kostenloses Essen in den Schulen und Kindertagesstätten erhalten. Hilgers verlangte zudem den Ausbau der Betreuung. Über die Frage der Finanzierung machte der Kinderschutzbund freilich keine Angaben.

Der Kinderschutzbund fordert einen höheren Zuschlag für Kinder, die in finanziell schwierigen Verhältnissen aufwachsen.

Quelle: Winfried Folz, Die Rheinfalz 28.08.2007

■ 1. Erläutern Sie die Forderung des Kinderschutzbundes.
■ 2. Beziehen Sie zu der Forderung kritisch Stellung.

Nachricht

Regierung will Kinderzuschlag schon ab Januar 2008 anheben

Kinderschutzbund fordert zusätzliche Beihilfen für Kleidung und Schulbedarf

BERLIN (rhp). Die Ausweitung des Kinderzuschlags für Familien mit geringem Einkommen soll schon ab Januar 2008 gelten. Dies kündigte Familienministerin Ursula von der Leyen (CDU) gestern in Berlin an. Nun könne zügig gehandelt werden. Sie reagierte damit auf die Kritik des Kinderschutzbundes, dass die Reform des Zuschlags längst versprochen sei, aber nicht umgesetzt werde.

„Ab Januar 2008 sind wir mit unserem Konzept und unserem Zeitplan in der Lage, rund 500.000 Kinder und ihre Eltern unabhängig zu machen von Hartz IV", sagte die CDU-Politikerin. Derzeit gibt es den Zuschlag für etwa 124.000 Jungen und Mädchen.
Von der Leyen verteidigte ihre Maßnahmen gegen Kinderarmut insgesamt. „Erfahrungen aus anderen Ländern zeigen uns, dass Kinderarmut erfolgreich bekämpft wird durch Arbeit, Bildung und Integration", erklärte die Ministerin. Die Aktivitäten des Familienministeriums – Elterngeld, Beteiligung am Ausbau der Kinderbetreuung und Kinderzuschlag – seien „richtig und wegweisend".
Der Präsident des deutschen Kinderschutzbundes, Heinz Hilgers, äußerte sich dagegen skeptisch. Mehr als 2,6 Millionen Minderjährige in Deutschland seien von Armut betroffen und lebten auf Sozialhilfeniveau, sagte er in Berlin. Die Dunkelziffer schätze er auf das Doppelte. Hilgers forderte die Regierung auf, ihre Zusagen aus dem Koalitionsvertrag zu erfüllen. „Die Bundesregierung hat ihr Versprechen gegenüber armen Kindern gebrochen", beklagte er. Die Situation der Kinder müsse mit einer Reform des Kinderzuschlags und der Wiedereinführung einmaliger Beihilfen für Kleidung und Schulbedarf sofort verbessert werden. Der Kinderschutzbund bezieht in seine Berechnungen alle Kinder und Jugendlichen unter 18 Jahren ein. Von den unter 15-Jährigen sind nach Zahlen der Bundesagentur für Arbeit 17 Prozent abhängig von Arbeitslosengeld II. Sie leben von 208 Euro im Monat. Diese Kinder und Jugendlichen seien bei der Bildung benachteiligt und hätten schon früh gesundheitliche Probleme, sagte Hilgers. „Wir sind dabei, 2,6 Millionen Kinder zu künftigen Leistungsempfängern zu erziehen", warnte er.
Der Kinderschutzbund fordert, Geringverdienenden 175 Euro Kinderzuschlag pro Kind zu gewähren, ab dem dritten Kind müssten es 225 Euro sein. Dies solle wie das Kindergeld eine Regelleistung werden.

Quelle: DIE RHEINFALZ, Pfälzer Tageblatt – Ausgabe Weinstraße, Nr. 199, Dienstag, den 28. August 2007, Seite 1

Eine Nachricht ist eine journalistische Stilform. Sie teilt eine Neuigkeit mit, die für die Öffentlichkeit von Interesse ist. Sie sollte Sachverhalte objektiv darstellen, also frei von subjektiven Einflüssen sein. In der Praxis lassen sich subjektive Färbungen – allein durch die Wortwahl – schwer vermeiden.

■ 1. Prüfen Sie nach, ob die Mitteilung der Rheinpfalz den Maßstäben einer Nachricht entspricht.
■ 2. Geben Sie Antwort auf die sechs W-Fragen, die eine vollständige Nachricht ausmachen.

Was ist geschehen?	
Wann ist es geschehen?	
Wie ist es geschehen?	
Wo ist es geschehen?	
Wer ist beteiligt gewesen?	
Warum ist es geschehen?	

Kommentar

KOMMENTAR

Aussenseiter

Von Annette Weber

Sicher, in Deutschland muss niemand verhungern. Aber Armut bedeutet nicht gleich Leben in Slums. Armut hat viele Gesichter – gerade für Kinder. Wenn es keine Markenklamotten gibt, ist das sicher zu verkraften. Die bekommen auch Kinder aus wohlhabenderen Familien nicht immer – wenn auch aus anderen, nämlich pädagogischen Gründen. Armut bedeutet, nicht am Kindergeburtstag teilnehmen zu können, weil ein Geschenk einfach unerschwinglich ist. Oder nicht mit allen anderen auf Klassenfahrt gehen zu können, weil das Geld dafür einfach nicht da ist.

Armut hat viel mit Scham zu tun, mit dem Gefühl, nicht dazuzugehören. Je weiter die Wohlstands-Schere klafft, um so größer die Unterschiede werden, des-

> **Wer Kindern in von Armut betroffenen Familien langfristig helfen will, der muss gezielt in deren Bildung investieren.**

to schmerzhafter ist es gerade für Kinder, wenn sie wegen Geldmangels in eine Außenseiterposition geraten. Kostenlose Mahlzeiten in der Schule, Fonds, aus denen Klassenfahrten finanziert werden können – eine Umsetzung dieser Forderungen wäre ein Schritt in die richtige Richtung.

Armut bedeutet aber auch und vor allem schlechtere Bildungschancen. Wer Kindern in von Armut betroffenen Familien langfristig helfen will, der muss solche Jungen und Mädchen gezielt fördern – in Kindergarten und Schule. Ab und an die Kinderzuschläge zu erhöhen, reicht nicht aus. Was fehlt, ist ein Maßnahmenpaket, das materielle Bedürfnisse und Bildungschancen gleichermaßen berücksichtigt und sinnvoll verknüpft.

Quelle: DIE RHEINPFALZ, Pfälzer Tageblatt – Ausgabe Weinstraße, Nr. 199, Dienstag, den 28. August 2007, S. 2

> Ein **Kommentar** ist die veröffentlichte persönliche Meinung eines Journalisten zu einem Sachverhalt. Er ist somit immer subjektiv, weshalb der Kommentator namentlich gekennzeichnet wird. In ihm werden wertende Formulierungen gebraucht. Sachverhalte werden interpretiert und Zusammenhänge gemutmaßt. Der Kommentator will überzeugen und zeigt Argumente auf.

■ **1. Welche Meinung vertritt der Kommentator?**

■ **2. Schreiben Sie einen eigenen Kommentar zum Thema.**

Meinungsmacht

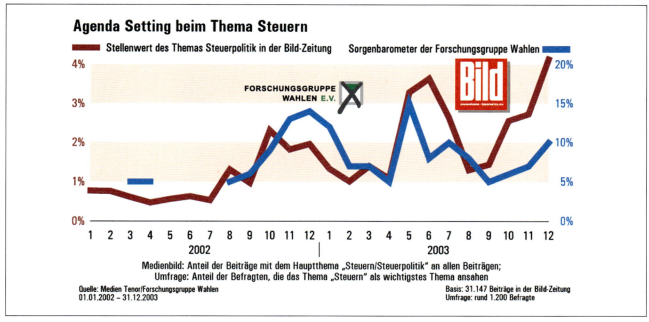

Quelle: Medien Tenor Forschungsbericht Nr. 140 – Januar 2004, S. 86

■ **1. Was will die Grafik zum Ausdruck bringen?**

_____

_____

_____

_____

Dass die Problemwahrnehmung der Menschen von den Massenmedien beeinflusst wird, kann zwar aus der Inhaltsanalyse nicht strikt bewiesen werden, allerdings kann gezeigt werden, dass ein hoher Grad der Wechselwirkung wahrscheinlich ist. Exemplarisch ... (kann dies) an der Berichterstattung von Bild-Zeitung und Spiegel gezeigt werden, da diese beiden Meinungsführer-Medien dabei eine besondere Rolle einnehmen. Ihre Themen haben Gewicht, nicht nur weil Bild und Spiegel eine große Reichweite haben (Bild über 12 Mio., Spiegel knapp 6 Mio.), sondern weil sie auch die Berichterstattung der anderen Medien ansehnlich beeinflussen und sich ihre Themen somit in anderen Medien potenzieren. So ist Bild das am häufigsten zitierte Medium in den TV-Nachrichten, die ihrerseits mehrere Millionen Menschen erreichen. Häufig gibt erst die Berichterstattung der Bild-Zeitung oder des Spiegel den Anstoß dafür, einen eigenen Beitrag zu einem Thema in die Sendung zu nehmen ... Die Bild-Zeitung sieht sich dabei immer wieder von der Konkurrenz als Agenda Setter mit zweifelhaftem Ruf angegriffen. Der Vorwurf: Mit Aktionen wie „Steuern runter, macht Deutschland munter" oder den Teuro-Sheriffs würde die Zeitung mit den großen Buchstaben selbst in ungerechtfertigter Weise Schlagzeilen und Stimmungen produzieren und in den politischen Prozess eingreifen. Doch dieses Argument trägt nicht wirklich, denn auch alle anderen Medien zielen durch die Selektion und die Gewichtung ihrer Berichterstattung darauf ab, Missstände und Probleme aufzudecken und deren Beseitigung herbeizuführen – wenn auch nicht so plakativ wie die Bild-Zeitung, sondern diskreter. Das hat auch Spiegel-Chefredakteur Stefan Aust im Medien-Tenor-Interview zugegeben, wenn er nicht ohne Stolz meint: „Dinge, die wir im Spiegel schildern, verwenden sie [die Politiker] nicht nur als Argument, sondern als Anlass, echte Veränderungen einzuleiten".

Quelle: Medien Tenor Forschungsbericht Nr. 140 – Januar 2004, S. 86

■ **2. Mit welchen Argumenten wird die Meinungsmacht von Bild-Zeitung und Spiegel begründet?**

_____

_____

■ **3. Diskutieren Sie den Vorwurf an die Bild-Zeitung, sie greife durch Stimmungsmache ungerechtfertigt in den politischen Prozess ein.**

Manipulation

Die Fotos zeigen Dodi Al-Fayed und Prinzessin Diana bei einer Bootstour im Sommer 1997
Quelle: © Haus der Geschichte/SIPA Press

■ 1. Worin unterscheiden sich die Fotos?

___

___

■ 2. Das Foto links ist das Original und das rechts ist eine Fälschung, veröffentlicht auf der Titelseite der Zeitschrift „The Mirror". Welche Wirkung soll das gefälschte Bild beim Leser erzielen?

___

___

■ 3. Durch absichtliche Verfälschung von Informationen durch Auswahl, Zusätze oder Auslassungen, werden Menschen zu Einstellungen bewegt, die sie nach ihrem freien Willen so nicht hätten. Das ist Manipulation. Wie kann man sich davor schützen?

___

___

___

___

___

___

___

___

___

Leseverhalten

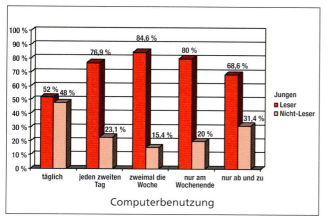
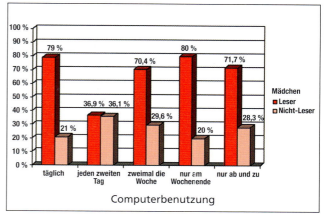

Quelle: Teenager-Käufernachwuchs im Buchhandel? S. 50, Mai 2004, Börsenverein des Deutschen Buchhandels e.V.

Die Grafiken geben Auskunft über das Leseverhalten jugendlicher Computer-Nutzer in ihrer Freizeit. Gefragt wurde beispielsweise, wie viele Jugendliche, die „täglich" oder „nur ab und zu" den Computer benutzen, in ihrer Freizeit lesen.

■ 1. Wo liegt der Hauptunterschied zwischen Jungen und Mädchen?

■ 2. Worauf führen Sie die Unterschiede zurück?

> Jahrtausendelang hatte die geschriebene Sprache für die Kommunikation kaum Bedeutung. Dies änderte sich erst mit dem Aufkommen von Büchern. Diese waren jedoch lange Zeit äußerst selten, da sie von Hand geschrieben werden mussten. Dies änderte sich mit der Erfindung des Buchdrucks um 1440 durch den Mainzer Goldschmied Johannes Gutenberg. Der Einsatz der beweglichen Metalllettern ermöglichte eine sehr viel schnellere und vor allem billigere Herstellung von Schriftstücken. Jetzt konnten sich neben der Kirche auch wohlhabende Bürger Bücher leisten. Mit der Einführung des Taschenbuchs ab 1935 wurde dieses Medium schließlich auch für Bevölkerungsschichten mit geringem Einkommen erschwinglich. Heute werden täglich tausende Bücher gedruckt. Die Verkaufszahlen der Verlage und die Masse der Neuerscheinungen jedes Jahr zeigen, dass das Buch sich neben anderen Medien wie Fernsehen oder Computer bis heute als eines der wichtigsten Kommunikationsmittel halten konnte.

■ 3. Stellen Sie die wichtigsten Phasen der Entwicklung der geschriebenen Sprache dar (Stichworte).

■ 4. Welche Bücher haben Sie im vergangenen Jahr gelesen? Stellen Sie einem Mitschüler kurz den Inhalt vor.

> Lesekompetenz ist mehr als einfach nur lesen zu können. Lesekompetenz ist die Fähigkeit, geschriebene Texte unterschiedlicher Art in ihren Aussagen, ihren Absichten und ihrer formalen Struktur zu verstehen und in einen größeren Zusammenhang einordnen zu können, sowie in der Lage zu sein, Texte für verschiedene Zwecke sachgerecht zu nutzen. Lesekompetenz ist nicht nur ein wichtiges Hilfsmittel für das Erreichen persönlicher Ziele, sondern eine Bedingung für die Weiterentwicklung der eigenen Fähigkeiten – also jeder Art selbstständigen Lernens – und eine Voraussetzung für die Teilnahme am gesellschaftlichen Leben.

Quelle: Nach: Baumert, Jürgen u.a. (Hrsg.): PISA 2000, Opladen 2001, Verlag Leske und Budrich

■ 5. Unterstreichen Sie drei Wörter, die als Merkmale der Lesekompetenz angegeben werden?
■ 6. Welche Bedeutung hat die Lesekompetenz (Stichworte)?

Für den Einzelnen: _____

Für die Gesellschaft: _____

8.3 Fernsehen schauen

Fernsehkonsum

■ 1. Interpretieren Sie die Karikatur.

Das Medium Fernsehen mag besonders schnelllebig sein. Und trotzdem hat, wer als Kind häufig fernsieht, viel zu lange etwas davon. Übergewicht, ein schlappes Herz und ein hoher Cholesterinspiegel verfolgen ihn sein Leben lang … „Exzessives Fernsehen hat für junge Leute schädliche Konsequenzen bis ins Erwachsenenleben", sagt … Robert Hancox von der University of Otago in Neuseeland … Schon täglich zwei Stunden vor der Glotze erhöhen die Gesundheitsrisiken im späteren Leben dramatisch. Und immerhin sitzen Deutschlands Zehn- bis 15-Jährige täglich durchschnittlich satte 118 Minuten vor der Mattscheibe. Dabei wird in ärmeren Familien mehr ferngesehen als in Familien mit höherem sozioökonomischen Status. Fernsehen müsse zu einem vorrangigen Thema von Gesundheitskampagnen werden, fordert Hancox. Und David Ludwig von der Harvard-Universität in Boston verlangt gar ein Verbot von TV-Werbung für Lebensmittel, die sich an Kinder richtet: „Das sollte geschehen, bevor eine weitere Generation darauf programmiert wird, fett zu werden." Schon häufiger wurde davor gewarnt, dass Fernsehen und eine schlappe Konstitution fast unzertrennlich sind. Dass Kinder vor der Mattscheibe unsportlich und übergewichtig werden und wegen der gedankenlos verspeisten Chips und Softdrinks auch noch hohe Cholesterinspiegel haben, ist inzwischen unstrittig. Wie sich das aber auf ihr späteres Leben auswirkt, hatte bisher niemand untersucht. Eben diese Mühe haben sich Robert Hancox und sein Team gemacht … Wie schlecht die Vielseher bei fast allen (Tests zur Gesundheit) abschnitten, war beeindruckend, sagt Robert Hancox. „Die Risikofaktoren für einen frühen Tod sind schon etabliert." Erschreckend ist auch folgende Erkenntnis: Es ist fast egal, wie viele Filme kindliche Vielglotzer noch mit 21 Jahren ansehen. Offenbar haben sich Ernährungsweise und mangelnder Bewegungsdrang da schon so etabliert, dass sie sich im Erwachsenenalter fortsetzen, selbst wenn die Vorliebe für das TV-Gerät nachlässt. Weniger als eine Stunde Fernsehen pro Tag wären in den Augen der Forscher erstrebenswert. „Auch wenn Eltern es schwierig finden, das durchzuhalten", sagt Hancox. „Wenn man erst als Erwachsener versucht, im Kampf gegen Übergewicht und schlechte Kondition seinen Lebensstil zu verändern, dann ist das noch viel schwieriger."

Quelle: Berndt, Christina in: SZ vom 16.07.2004

■ 2. Erläutern Sie die beschriebenen Gefahren des Fernsehkonsums.

■ 3. Zeigen Sie Möglichkeiten auf, den Fernsehkonsum im Alltag zu begrenzen.

Duale Rundfunkordnung

Einschätzungen öffentlich-rechtlicher und privater Fernsehprogramme im Direktvergleich

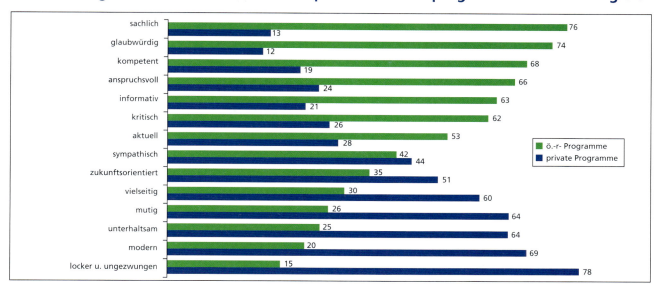

■ 1. Worin unterscheidet sich die Einschätzung der öffentlich-rechtlichen von dem der privaten Programme?

■ 2. Beziehen Sie aus Ihrer eigenen Sicht kritisch Stellung zum Umfrageergebnis.

■ 3. Beschreiben Sie die duale Rundfunkordnung mithilfe der Übersichtstabelle.

■ 4. Ergänzen Sie die Zeile mit Beispielsendern.

	Duale Rundfunkordnung	
Ziel	• Meinungsvielfalt • Staatsferne • Ausgleich gegenseitiger Nachteile	
Struktur	**Öffentlich-rechtlich**	**Privat**
Auftrag	• Für jeden zugänglich (Grundversorgung) • Alle Aufgaben (Information bis Unterhaltung)	• Mindeststandard an Vielfalt • Gewinnerzielung
Organisation	• Unabhängige Anstalt (Ausgliederung aus allgemeiner Verwaltung des Staates)	• Privates Unternehmen
Aufsicht	• Selbstkontrolle durch Ausschüsse mit Vertretern der gesellschaftlichen Gruppen	• Landesmedienanstalt
Marktstruktur	• per Gesetz	• per Lizenz
Finanzierung	• Gebühren • Werbung	• Werbung
Problem	• Parteieneinfluss • „abgehoben" (elitär)	• private Meinungsmacht • „geistlos" (trivial)
Sender	• _____ • _____ • _____	• _____ • _____ • _____

Kritik an Privatsendern

■ 1. Interpretieren Sie die Karikatur.

_____

_____

_____

_____

■ 2. Suchen Sie Beispiele aus dem aktuellen Fernsehprogramm.

_____

Gegen die mediale Verwahrlosung

Das Fernsehen bietet alles: „Peinliche Verlobte" und Millionengewinne, Schönheitsoperationen vor laufender Kamera und eine Prinzessin, die ihr Publikum beim Telefonieren abzockt. Seit Fernsehen und Radio vom Kulturgut zum Wirtschaftsgut wurden, zählt jede Balkonschönheit und jeder Selbstentblößer, der sein Tagwerk auf dem Bildschirm verrichtet, als zusätzlicher Arbeitsplatz einer Zukunftsindustrie. Durch vulgäre Wortwahl, Intimberichterstattung, verbunden mit einem hemmungslosen Mitteilungsbedürfnis nach dem Vorbild des Nachmittagstalks, werden die Umgangsformen breiter Bevölkerungsschichten geprägt. Es ist die Chance des öffentlich-rechtlichen Rundfunks, sich mit eindeutigen und nachprüfbaren Qualitätsstandards gegen diese mediale Verwahrlosung zu positionieren. Das Fernsehen ist kein Moralpolizist. Und der öffentlich-rechtliche Rundfunk, der von allen Gebühren bekommt, muss auch jedem etwas bieten ... Bei der herkulischen Aufgabe, alle für sich zu gewinnen, werden die Öffentlich-Rechtlichen nicht gegen jede Geschmacksverirrung immun bleiben. Aber wer konjunkturunabhängig produziert und nicht radikal dem Werbemarkt ausgeliefert ist, hat vorbildhaft für die gesamte Medienszene Standards in allen Genres von der Information bis zur Unterhaltungsshow, von der Fernsehserie bis zum Musikprogramm zu setzen. Nur Qualität rechtfertigt die Gebühr. Das heißt: Vorrang des Selbstproduzierten und Selbstrecherchierten vor permanenter Wiederholung und Resteverwertung. Freiheit von Werbeeinflüssen, gesellschaftspolitische und weltanschauliche Orientierung und eine verlässliche Hintergrundberichterstattung, faire Interviews, Einhaltung mitteleuropäischer Anstandsregeln, Respekt vor der Privatsphäre und Nutzwert der Sendungen für das Publikum. Dazu gehört auch Mut zum Experiment statt der bequeme Einkauf ausländischer Sendeformate und eine intensive, auch kritische Regionalberichterstattung ... Der öffentlich-rechtliche Rundfunk ist durch seine Gebührenfinanzierung in erster Linie dem „interest of the public" – dem öffentlichen Interesse – verpflichtet und nicht dem „public interest", den unreflektierten Publikumswünschen. Die Rundfunkgebühr ist mehr als ein Finanzierungsinstrument, sie ist eine Qualitätssicherungsgebühr ... Die Kommerziellen senden, „was ankommt", der öffentlich-rechtliche Rundfunk sendet bei aller Massenkapazität, „worauf es ankommt" – das ist und bleibt das entscheidende Ordnungsprinzip.

Quelle: Elitz, Ernst: Gegen die mediale Verwahrlosung, 23.11.04, 07:39 h, http://www.ksta.de/artikel.jsp?id=1099064240109

■ 3. Mit welchen Argumenten wird der öffentlich-rechtliche Rundfunk gerechtfertigt?

_____

■ 4. Beziehen Sie selbst kritisch Stellung.

_____

Kritik an öffentlich-rechtlichen Sendern

■ 1. Erläutern Sie die Karikatur und die Grafik.

Um Missverständnissen vorzubeugen: Ich bin ein überzeugter Anhänger des dualen Rundfunksystems. Der Wettbewerb zwischen gebührenfinanzierten Sendeanstalten und privaten Rundfunkanbietern hat Deutschland zu einem der attraktivsten Fernsehmärkte der Welt gemacht. Daher liegt es mir fern, den öffentlich-rechtlichen Rundfunk abschaffen zu wollen. Auch die Rundfunkgebühren als finanzielle Grundlage für ARD und ZDF stelle ich nicht in Frage. Und natürlich muss am Ende einer Gebührenperiode über eine Anpassung der Gebühren nachgedacht werden. Allerdings gibt es kein Gesetz, das alle vier Jahre zu immer höheren Rundfunkgebühren zwingen würde. Auch eine Gebührensenkung wäre natürlich möglich und zur Zeit sogar geboten. Die jüngere Entwicklung des öffentlich-rechtlichen Rundfunks ist eine Geschichte steter Expansion. Von 1992–2002 hat sich das Angebot der öffentlich-rechtlichen Sender fast verdreifacht. Es gibt mittlerweile 61 öffentlich-rechtliche UKW-Hörfunkprogramme in Deutschland. Im Fernsehen sind es 15 analog verbreitete ARD- und ZDF-Programme plus einer ganzen Reihe digitaler Angebote. Diese im internationalen Maßstab einzigartige Ausweitung ist möglich gewesen, weil die öffentlich-rechtlichen Anstalten jährlich über knapp sieben Milliarden Euro aus Gebühren, Werbung und sonstigen Einnahmen verfügen. Der private Rundfunk hingegen muss sich mit 4,1 Milliarden Euro zufrieden geben. Die großzügige Ausstattung des öffentlich-rechtlichen Rundfunks ist vor allem deswegen ein Problem für das duale System, weil es keine konkrete Definition des Programmauftrages der Anstalten gibt. ARD und ZDF können durchaus mit Unterstützung der Politik auch in privatwirtschaftliche Bereiche drängen und werden dafür mit wachsenden Gebühren belohnt. Diese Spirale führt immer häufiger zu gebührenfinanzierten Wettbewerbsverzerrungen. Ein Beispiel: ARD und ZDF werden in den nächsten vier Jahren über eine Milliarde Euro allein für Fußballrechte ausgeben. Die Privaten dagegen müssen zurückstecken. Selbst die großen Sender sind nicht mehr in der Lage, die überhöhten Preise für die Bundesliga zu bezahlen. Wenn diese Entwicklung immer so weitergeht, wird das duale System zu wackeln beginnen. Deshalb führt an einer Reform kein Weg mehr vorbei ... Die Qualität des öffentlich-rechtlichen Rundfunks würde nicht beeinträchtigt. ARD und ZDF können ihrem Auftrag auch dann in vollem Umfang nachkommen, wenn die Online-Ausgaben und die Marketingkosten beschränkt oder die 61 öffentlich-rechtlichen Hörfunkprogramme auf 45 reduziert werden. Eine solche Strukturreform wäre in einer Zeit, in der alle öffentlichen und privaten Haushalte sparen müssen, ein wichtiges politisches Zeichen. Schließlich belegen die privaten Fernsehsender Tag für Tag, dass sich gute Qualität und kostenbewusstes Arbeiten keineswegs ausschließen. Es gibt also Gründe genug, die öffentlich-rechtliche Gebührenspirale anzuhalten.

Quelle: Zeiler, Gerhard, Geschäftsführer von RTL Television GmbH, in: ruprecht Nr. 87, 07.12.2003

■ 2. Welche Argumente werden gegen eine Erhöhung der Rundfunkgebühren aufgeführt?

■ 3. Beziehen Sie selbst kritisch Stellung.

8.4 Kritisch bleiben

Pressefreiheit

Syrien: Journalist zu drei Jahren Haft verurteilt

Reporter ohne Grenzen (ROG) ist empört über dreijährige Gefängnisstrafe, die am 13. Mai gegen den syrischen Journalisten Michel Kilo verhängt wurde. Kilo wurde wegen „Kränkung des Nationalgefühls" verurteilt. (…) „Ein Rechtssystem, das langjährige Strafen gegen anders Denkende erlässt, weist gravierende Mängel auf", so die Organisation zur Verteidigung der Pressefreiheit. ROG appelliert daher an Präsident Bashar Al-Assad (…) politische Gefangene zu amnestieren und die kontinuierlichen Schikanen gegenüber kritischen Journalisten zu beenden.

Quelle: Reporter ohne Grenzen e.V., Skalitzer Straße 101, 10997 Berlin, 14.05.2007

■ **1. Was soll mit der Karikatur zum Ausdruck gebracht werden?**

■ **2. Wie erklären Sie sich die Gewalt gegen Journalisten?**

Grundgesetz Artikel 5
(1) Jeder hat das Recht, seine Meinung in Wort, Schrift und Bild frei zu äußern und zu verbreiten und sich aus allgemein zugänglichen Quellen ungehindert zu unterrichten. Die Pressefreiheit und die Freiheit der Berichterstattung durch Rundfunk und Film werden gewährleistet. Eine Zensur findet nicht statt.
(2) Diese Rechte finden ihre Schranken in den Vorschriften der allgemeinen Gesetze, den gesetzlichen Bestimmungen zum Schutze der Jugend und in dem Recht der persönlichen Ehre.

■ **3. Ein Richterspruch des Europäischen Gerichtshofs für Menschenrechte schränkt Presseberichte über das Privatleben von Prominenten stark ein. Viele sehen darin eine unzulässige Einschränkung der Pressefreiheit, weil die Menschen ein Anrecht darauf hätten, auch über eventuelle private Verfehlungen Prominenter informiert zu werden. Wie ist Ihre Auffassung?**

Die liberalen Staaten des „Westens" sollten allerdings keine allzu stolze Selbsteinschätzung absondern. Zwar sind die Abwehrrechte gegen den Staat in aller Regel intakt. Aber es gibt die Selbstzensur der Verleger und Journalisten, eindrucksvoll demonstriert in den USA während des letzten Irakkriegs. Es gibt die geheimnisvollen Mechanismen der freiwilligen Einordnung in eine nachrichtenpolitische Linie, vorgeführt in Europa während der jugoslawischen Nachfolgekriege, vor allem im Kosovo. Und es gibt den stärker werdenden wirtschaftlichen Druck aus den inserierenden Unternehmen, die bezahlte Anzeigen immer mehr von „Kooperation", das heißt von Konzessionen und freundlichen Artikeln im redaktionellen Teil abhängig machen. Beim Auto- und Reisejournalismus hat man sich daran fast schon gewöhnt. Inzwischen wandert das intelligente „Sponsoring" aber auch in die Politik- und Wirtschaftsteile ein. Setzt sich diese Entwicklung fort, wird die „Pressefreiheit" auch im alten Westen gefährdet. Man weiß dann nur noch gelegentlich, wem und was man glauben darf.

Quelle: Glotz, Peter: Pressefreiheit, 2004, http://www.djv.de/dritter_mai/peterglotz.html

■ **4. Welche Gefahren der Pressefreiheit sieht Peter Glotz in den liberalen Staaten des Westens?**